三人の志士に愛された女

吉田松陰の妹

原口 泉

GENTOSHA

三人の志士に愛された女　吉田松陰の妹

目次

第1章　なぜ今、「松陰の妹」なのか

第2章　文の育った松陰の家庭と兄弟

第3章　文を愛した第一の志士・吉田松陰

第4章　文を愛した第二の志士・久坂玄瑞

第5章 文を愛した第三の志士・楫取素彦

装幀　小松 学（ZUGA）
編集協力　㈱アイ・ティ・コム
DTP　美創

第1章

なぜ今、「松陰の妹」なのか

なぜ今、吉田松陰なのか、そしてその妹・文なのか

2015年のNHK大河ドラマは、「維新史の奇跡」といわれた吉田松陰の、7人いた兄弟姉妹の末の妹、「文《ふみ》」が主人公の『花燃ゆ』という歴史ドラマです。

彼女は、松陰の妹として生まれただけでなく、松陰の弟子である久坂玄瑞《くさかげんずい》に嫁ぎ、玄瑞の死後、やはり松陰門下で、姉の夫だった楫取素彦《かとりもとひこ》（当時は小田村伊之助《おだむらいのすけ》）と再婚しています。

しかしどうでしょう。さまざまなドラマが語られてきた幕末史の中で、おそらくこの「文」という女性は、ほとんど無名に近い存在だったのではないでしょうか。

結論めいてしまいますが、むしろこの主人公の無名性、「名もなき女のドラマ」であることこそが、今回の大河ドラマの最大の特徴であり、「売り」でもあるのではないかと、私は強く思っています。

幕末から明治へと、大きく歴史が変化した時代に、多くの若者が、そのうねりの中に身を投じていきました。幕末から維新にかけての時代を駆け抜けた3人の男の生き方に触れ

た文は、いわば、この変化の時代の目撃者といえるでしょう。

文を主人公にすえた意味は、おそらくそこにあると思われます。

それでは、吉田松陰を中心とするこの時代をドラマ化することに、どんな意味があるのか。それは、ペリー来航以前の日本の状況が、今の日本に似ているからではないでしょうか。

じつは、日本近海に外国船が来たのは、ペリーが初めてではありませんでした。江戸へ江戸へと人が流れていた寛政期にすでに、ロシアやイギリスの船は出没しているのです。たしかに、今、人々は、東京へ東京へと流れています。それは、高度成長期のように青雲の志を抱いてというのではなく、地方に見切りをつけた結果のようです。

2014年の改造内閣で、「地方創生省」が新設され、石破茂《いしばしげる》氏が大臣に就任したことでわかるように、地方の疲弊は、一刻の猶予もならないくらい差し迫っています。

現に、全国知事会では、「地域に若者、とくに女性がいなくなる」という危機感が取りざたされました。危機感を強める全国172の地方自治体が「人口減少に立ち向かう自治体連合」を発足させたという報道もあります。

吉田松陰が生きた時代も、まさに、地方の疲弊や危機感がきわまっていたときだったといえます。長州、薩摩《さつま》、土佐といった、江戸から離れた場所から時代の変革ののろしが上がり、維新後も地方での混乱が長引きました。

京都や江戸は、もちろん歴史の節目には表舞台に登場しますが、それ以前も以後も結局は、「名もなき」多くの国民が、国や地方を支えてきたわけです。

その意味でも今度のドラマは、江戸や京都でなく、山口県の萩や群馬県の前橋という中央から遠く離れた場所が舞台です。

これは、その地方で時代を動かした三人の志士たちに愛され、その生涯を見届けたという、「名もなき一人の女」の「目撃者」「証言者」としてのドラマと位置付けられるのではないでしょうか。

大河ドラマ『花燃ゆ』の題名に秘められた意味

ところで、『花燃ゆ』というタイトルを見たとたん、「デジャヴ」（既視感）といわれる奇妙な感覚を味わった人は少なくないでしょう。

初めて見る題名なのに、すでにどこかで聞いたことがある、見たことがあるような気がするのです。そう思って過去の大河ドラマをつらつらと思い出してみると、その「デジャヴ」の理由がわかるような気がしました。

つまりまったく同じではないのですが、たしかにこの『花燃ゆ』に似た題名のドラマが、大河ドラマの歴史の中にかなりあったのです。

2014年に放映された『軍師官兵衛』まで、53作品を数える大河ドラマの主人公たちのほとんどは、それぞれ燃えるような華々しい生涯を送った人物です。

ですから、製作者が、それにふさわしく「花」とか「燃える」とかというタイトルにしたくなる気持ちはわかりますが、それにしてもどうでしょう。

『花の生涯』昭和38年（1963）

悪役にされることが多い井伊直弼《いいなおすけ》を主人公にしています。皆が、それぞれの立場で、国を思って一生懸命に生きていた時代です。私が時代考証をした『篤姫』でも、そのあたりのところがバランスよく描かれているはずです。

『花神』昭和52年（1977）

主役は、大村益次郎。医者出身でありながら天才的な軍略家で、長州を勝利に導いた立役者です。『花燃ゆ』はこの作品以来38年ぶりに山口県萩が舞台になります。

『草燃える』昭和54年（1979）

源頼朝と妻の北条政子が主役。源平合戦から承久の乱までを取り上げているように、「尼将軍」と呼ばれた北条政子の激しい生涯も余すところなく描かれました。

『山河燃ゆ』昭和59年（1984）

珍しく、太平洋戦争を扱っていて、主人公は、鹿児島県出身の日系アメリカ人二世です。

『花の乱』平成6年（1994）

足利義政の妻・日野《ひの》富子《とみこ》が主人公。将軍の跡目争いが原因で起きた応仁の乱の一方の立役者。富子は、息子を将軍にするために画策しました。

いずれも、花とか燃えるとかにふさわしい生涯の持ち主ですが、『花燃ゆ』の主人公文には、華々しい活躍をした記録はまったくありません。

ですから、製作者としては、「内に秘めた花を燃やすという女性共通の心ばえを描くのと同時に、文を歴史の目撃者としての立場に置き、花のように燃えた時代そのものを描こうとしている」ということになるでしょうか。

私も親しくしている『花燃ゆ』の制作統括で、ＮＨＫの土屋勝裕チーフ・プロデューサーは、次のように語っています。

「主人公が女性であるということで、花のように美しくというこどもありますし、また、命燃やす、炎を燃やすということで『花燃ゆ』なのです。が、もうちょっと深い意味があって、松陰先生の書き残した『留魂録』に、非常に好きな箇所があります。『数え30、29歳で処刑されることになったけれども、人はたとえ10歳で死のうが何歳で死のうが、人の一生には春夏秋冬がある。そして最後には何かの種を残している』その種は籾殻《もみがら》かもしれないけれど、その種を受け取って育てていくのは弟子たち、お前たちの役割だよということを伝えようとしたのだと思うのです」

花が咲かなければ種はできません。松陰もその弟子たちも、見事に花を咲かせて散っていったということなのでしょう。

「篤姫」「新島八重」と同時代を生きながらどう違うか

よく「歴史の陰に女あり」というように、国家存亡の危機にあるときに、女性たちが底力を発揮して活躍する場面がしばしば見られます。天照大神《あまてらすおおみかみ》が、岩戸の中に隠れただけで世の中は真っ暗になってしまったという神話はまさに、その象徴なのでしょう。

女性運動の先駆者である平塚らいてうも、『青鞜《せいとう》』という雑誌を創刊したとき、「元始、女性は太陽であった」と高らかに宣言しています。

そういう意味で、篤姫も新島八重《にいじまやえ》も、そして文も、国家存亡の危機にある同時代をたくましく生きた女性たちです。

それぞれが、置かれた立場で必死に生き、花を咲かせ、種を残していったのでしょう。

篤姫や新島八重と文の違いは、そういう意味では、それほどの違いはないのかもしれません。

篤姫も新島八重も大河ドラマになる以前は、文ほど無名ではなかったにせよ、人気者ではありませんでした。篤姫など、天璋院《てんしょういん》といわれて「ああ、皇女和宮をいびった姑《しゅうとめ》ね」

というひどい認識しかされていませんでした。

もし違いがあるとすれば、篤姫や新島八重は、歴史の表舞台に立たざるを得なかった事情があるということです。

たとえば篤姫は、幕府と協力して日本を救おうと考える、養父で薩摩藩主でもある島津斉彬《なりあきら》の手で大奥に送り込まれています。

斉彬は、十四代将軍を、井伊直弼が推す紀州徳川慶福《よしとみ》ではなく、水戸徳川家の一橋慶喜《よしのぶ》にすべく、篤姫にその使命を与えたのです。

この使命を果たせないまま将軍は慶福（家茂《いえもち》）に決まり、斉彬は死去、薩摩と幕府は、やがて、敵味方に分かれて戦うことになってしまいます。

しかし、篤姫は、小松帯刀《たてわき》や西郷隆盛らから、再三薩摩に帰るように言われても、それを聞かず、十四代将軍家茂の御台所になった皇女和宮とともに、徳川家を守るために奔走します。

徳川家が今に至るまで存続しているのは、篤姫（天璋院）の働きがあったからこそといっても過言ではないでしょう。

また、新島八重は、砲術の家系に生まれたために、会津戦争では鉄砲を構えて新政府軍に対峙《たいじ》し、薩摩の大山巌《おおやまいわお》に大怪我《おおけが》をさせた女性とされています。戦後は、新島襄《じょう》と再婚し、同志社大学設立のために奔走します。

ときには、外国人教師ともやりあったといいますから、会津で培われた大和魂は、誰にも負けなかったのでしょう。

アメリカ帰りの夫に合わせて、早くから洋装をしている姿は「西洋かぶれ」と揶揄《やゆ》され「鵺《ぬえ》」というあだ名まで付けられたといいますが、「鵺で結構」と開き直り、日本にキリスト教主義の教育を根付かせようとしました。

ちなみに、「鵺」とは、顔は猿に似て、胴は狸《たぬき》、足は虎、尻尾が蛇、そして、夜な夜な不気味な声で鳴く鳥・トラツムギのように鳴くという怪物のことです。

それに対して、文は社会的な活躍は一切していません。あくまで「名もなき」一人の女、一人の妻として内助に徹したのです。しかし、この内助の功の大きさには計り知れないものがあると、私は思っているのです。

脇役中の脇役を主役にする意味

文は、このように「名もなき」内助の功的な役割を果たした存在でしかありません。歴史上で考えれば、いわば脇役中の脇役です。この、脇役中の脇役を主役にする意味を、前出の土屋プロデューサーは、2つの視点から語っています。

1つは、歴史に即して描く大河ドラマの場合、「大河ドラマは難しい」と思われる傾向があるということです。

とくに、戦国時代や幕末の動乱期には、その一人ひとりを主役にしても1つのドラマができるであろうと思われる人物が大勢登場します。しかも彼らは、何度も名前を変えるので、いっそうわかりにくくなります。

文を主役にする意味はそこにあります。いわば、文を視聴者に近い場所に置いて、文の目で見た幕末史を描くことで、あの時代がどんな時代だったのかを知ってもらうということなのです。

「わからないことがあったら、説明してあげるよ」というスタイルで、文に説明してもらえば、視聴者にもぐんとわかりやすいドラマになることでしょう。

そしてもう1つは、ドラマというものが持ついろいろな要素を入れ込むことができるということです。土屋氏は、それが4つあるとしています。

①ホームドラマとしての要素

家庭の中に入り込んだテレビドラマの基本はやはりホームドラマです。文の兄にあたる吉田松陰は、もちろん、日本の歴史に大きな影響を与えた人物ですが、一方、健全な家庭人でもありました。

したがって、文にとっては、年の離れた自分をただただ可愛《かわい》がってくれる「お兄ちゃん」だったのです。文から見た松陰はおそらく、彼のことを信奉する弟子たちや、危険人物とみなした人々が見た松陰とは違う人間だったはずです。

②女性の1つの生き方という要素

文は、久坂玄瑞の死後、慶応元年（1865）9月25日から、毛利家の奥女中として働いています。毛利家は大家ですから、将軍家の大奥に近い規模の、いわば「女の世界」があったはずです。キャリアウーマンがひしめいていたわけです。

文は、流れに任せるようにして、キャリアウーマンとしての一時期を過ごしたことになります。おそらく、現代に通じるような女同士の軋轢《あつれき》も味わったのではないでしょうか。

③学園ドラマ的な要素

吉田松陰が主宰の松下村塾には、多くの若者が集まってきました。私はかねて「人材は群生する」と考えてきましたが、松下村塾はまさに人材の宝庫でした。松陰の身の回りの世話もしたであろう文は、当然、彼らと親しく交わったはずです。文の目に彼らがどんなふうに映ったのか。これも興味深いところです。

④明治になってから起きたマイナス要素

明治になってから、急激に改新していく明治政府に対して、多くの不平士族が叛乱《はんらん》を起こしました。長州で起こったのは、明治9年（1876）、山口県士族の前原一誠《まえばらいっせい》らが起こした萩の乱でした。

文はこのとき、叔父で自分の名付け親でもある玉木文之進《たまきぶんのしん》が、叛乱軍に弟子が加わっていたことの責任をとって自死するという悲しみを味わっています。

文が見た新政府は、どのようなものだったのか。もちろん憶測にはちがいないのですが、おそらく何らかの想《おも》いがあったのではないでしょうか。

再婚話としての「八重」と「お龍」

「貞女は二夫《じふ》に見《まみ》えず」という言葉があります。貞淑な女性は、夫と死別しても、あるいは離婚したとしても、生涯に一度しか結婚をしないという意味です。

儒教の教えであるといわれていますが、どうやら、言葉だけが独り歩きをしてしまったようで、じつは、女性が二夫にまみえることなど日常茶飯事でした。

たとえば、江戸時代に、夫が書いた離縁状、三行半で書いたために「三くだり半」といわれていています。これは、配偶者に別れを言い渡すときに、男だけができる特権と思われていますが、じつは、逆の意味があるんですね。

つまり、江戸時代は、女性の数が少なかったために、女性のほうが威張っていて、「私が気に入らなければいつでも出ていってあげるわよ」という意味で、妻が夫に書かせたのが「三くだり半」だったのです。

妻は、それを、伝家の宝刀よろしく、ふところに納めておいたというわけです。「三くだり半」を書かないのは夫の恥ともいわれ、男の勝手な思いで別れる場合は慰謝料も必要だったようです。次のような「三くだり半」の内容を見れば、そのことがおわかりいただけると思います。

今般双方勝手合を以及離縁
然ル上者其元儀何方縁組
いたし候共私方に二心無
依之離別一札如件

このたび、二人はお互いの都合で離縁することになりました。こういうことになったうえは貴女が誰と縁組しても私にはなんら異存はありません。
ここに離別の証文を入れます。

というわけで、再婚話としての「八重」も坂本龍馬の妻「お龍《りょう》」も、そして「文」も、決して珍しい話ではなかったと思います。ただし、三人ともに前夫の存在には大きなものがあったと思われます。

八重の最初の夫は、砲術の専門家として会津に現われ、他藩（出石《いずし》藩）出身ながら、会津戦争では八重とともに戦った人物でした。会津戦争に敗れてからも、藩を救うために先物取引に手を出し、それが失敗したときの全責任を負い、失意のうちにこの世を去っています。

そして、再婚相手はアメリカから帰ってきたクリスチャンの新島襄。もしかしたら、前夫とはまったく違うタイプの新島襄と結婚することで、新たな夢に踏み出すことができたのかもしれません。

お龍の夫は、いわずと知れた坂本龍馬です。維新直前に暗殺されてしまった夫とともに描いた北海道開拓の夢、世界を相手に商売をしたいという夢が潰《つい》えたときのお龍の気持ちは、察するに余りあります。

お龍の場合、再婚した相手は名もなき西村松兵衛。それでも彼女は、最後まで龍馬の妻だと言い続けたといいます。

いずれにしても、強烈な思い出を残して死んだ夫の面影を抱いて過ごした女性たちの気持ちがどんなものだったのか。私たちには、想像もつかないほどの葛藤があったのではないでしょうか。

京都妻の子を育てた小松帯刀の妻と文に通じるもの

文は最初の夫とも再婚した夫とも、子どもを作っていません。

しかし、最初の夫、久坂は京都で活動するうちに、いわゆる京都妻との間に男の子を作ります。この子を、文は久坂家の跡取りとして受け入れます。

本妻に子どもがなく、妾腹《しょうふく》の子を受け入れるということはこの時代、珍しいことではなかったのですが、私はふと、薩摩の家老で坂本龍馬を物心両面から援助した小松帯刀の妻、お近を思い出しました。

小松帯刀もまた、本妻のお近には子どもがなく、京都妻・お琴が男児を産んでいるからです。

お近も文も、京都妻の産んだ子どもを、それぞれ、家の跡継ぎとして遇しています。そこには複雑な思いがあったでしょうが、何よりも家の存続が大事だった当時のことですから、今の感覚で捉えきることはできないでしょう。

ただし、それぞれ、妻の心情に同じものがあったとはいえ、小松家の場合と久坂家の場合には、大きな違いがあります。それは、小松帯刀が、薩摩の家老職にあったということです。

京都の小松家には、その職にふさわしく多くの人々が出入りしていました。お近が薩摩の重臣の妻として薩摩を離れるわけにいかない以上、京都の家で彼らを接待する役割を担う女性は必要不可欠だったにちがいありません。

すなわち、お琴は、文字どおり、妻の役割を果たしていたのです。いわば分業態勢を敷いていたということです。

ですから、お近は、彼女の存在を認め、その死後、彼女を小松家の墓所に納めています。一方、久坂の場合、一介の志士という立場ですから、京都での女性は、京都妻というよりは愛人という呼び方のほうがふさわしいでしょう。

しかも、久坂は、息子秀次郎の誕生（9月9日）以前にこの世を去っています。文にとっては寝耳に水の出来事だったのではないでしょうか。

通説では、この愛人・井筒タツは、明治2年（1869）に息子が認知されるのを見届けたあと、その翌年、京都島原の揚屋角屋の十代目当主と自分が芸者として出ていた桔梗《ききょう》屋《や》の女将《おかみ》の仲立ちで、下京の裕福な農家の竹岡甚之助と結婚しています。

しかし、最近出版された『至誠に生きて』（冨成博、右文書院）によれば、タツは、慶応元年（1865）5月5日に男子・小八郎を出産しています。これは玄瑞の子ではありません。辰路という名前で芸者に出ていたとき、仲居たちの噂《うわさ》になるほど玄瑞と親しかったために、秀次郎の母がタツと誤解されたのでしょう。

冨成氏は、秀次郎の母は、佐々木ひろという女性だったと述べておられます。どういう女性だったのかについては、さらに謎が多いようです。いずれにせよ、ひろと玄瑞との愛は、一夜の夢に過ぎなかったのでしょう。

前夫を尊重した再婚相手の度量は「お龍」のケースと同じ

さて、文と再婚した楫取素彦は、のちにご紹介しますが、久坂玄瑞が文宛に出した手紙をすべてまとめ、『涙袖帖《るいしゅうちょう》』を作っています。

前夫の思い出の手紙を再婚先に持ってくる文も文ですが、それを本にまとめた楫取の度量の大きさがわかるような気がします。これは、その後の文の幸せな生涯を象徴するものといえるでしょう。

龍馬の妻お龍と再婚した西村松兵衛は、この点どうだったでしょうか。

慶応3年（1867）、京都の近江屋で龍馬が暗殺されたとき、彼女は、龍馬の後援者の一人である豪商・伊藤助太夫のところに滞在していたため、難を逃れることができました。

もしかしたら、これが不幸の始まりだったのかもしれません。なぜならば、龍馬の死後、お龍の面倒を見ていた三吉慎蔵は、翌年、彼女を土佐の坂本家に送り届けていますが、坂本家の人間とうまくいかなかったのです。

龍馬の姉で、龍馬の最初の師だったといわれる坂本乙女が、彼女を気に入らなかったともいわれていますが、後年「乙女姉さんにはよくしてもらった」と語っていますから、龍馬の兄夫婦に疎《うと》まれたのかもしれません。

いずれにしても、間もなくそこを立ち去っています。このとき、龍馬からの数多くの手紙は、坂本家とは関係ない二人についてのものだけを残して燃やしてしまいました。我々にとっては、幕末に関する貴重な資料が失われたというべきでしょう。

それから、京都の近江屋を頼ったり、西郷隆盛や海援隊士を頼って東京に出たりと、あてもない放浪の日々を送っています。

京都伏見の寺田屋にいた若いころに、客として見知っていた商人の西村松兵衛と再会したのは、神奈川の料亭で仲居をしていたときでした。30歳だったとも35歳だったともいわれていますが、お龍は松兵衛と結婚しツルと名前も変えて、横須賀に住むことになりました。

これで平穏な日々を送れたのであればよかったのですが、お龍は、龍馬のことを忘れることができなかったのでしょう。晩年は酒におぼれ、二言目には「私は龍馬の妻だ」と言ってはばからなかったようです。

そんなお龍を、松兵衛はどう受け止めたでしょう。お龍が死んだのは、明治39年(1906)、66歳のときでした。そのときの松兵衛の心中を、私の敬愛する歴史作家・鏡川伊一郎氏は、次のように描いています。(『月琴を弾く女　お龍がゆく』幻冬舎)

「おツル、と心の中で呼び、いや、お龍さんといいかえた。ツルはあくまで仮りの名、おまえはお龍という本名でこの世を去るべきだ。やはり――」

しかも、松兵衛は、お龍の妹・中本光枝とともに作ったお龍の墓碑に、「贈正四位阪本龍馬の妻龍子」と刻んでいるのです。

これだけのわがまま放題が許されたお龍は、案外、幸せな晩年だったのかもしれません。松兵衛については、光枝と密通をして、三角関係になったという話も伝わっています。しかし、私はお龍のため、そして龍馬のために、鏡川氏の描写を信じたいと思います。

鏡川氏は、持ち前の調査魔ぶりを発揮されて、過去の新聞を綿密に検索し、あの司馬遼太郎氏が「ウソ」と断じた、日露戦争のさなか、皇后陛下の夢枕に龍馬が立ったという話を真実と突き止めた人だからです。(『〝龍馬〟が勝たせた日露戦争―司馬さん、そこは違います!』日本文芸社)

「女性登用」時代にあえて問う「名もなき女たちの偉大さ」

安倍晋三首相は、総裁に就任当初から、女性が活躍する場をもっと多くすべきだと言ってきました。企業にも、女性管理職を増やすように促しています。

その主張を具体化しようとしたかのように、2014年9月の改造内閣では、自民4役の1つである政調会長を含めて、6人の女性を登用しました(2人は翌10月辞任しましたが、後任の1人も女性でした)。

これは、高く評価され、女性登用への評価は67パーセント、内閣への支持率も64パーセントに上昇しました。

たしかに、女性差別の傾向は否定できません。キャリアウーマンの先駆けの一人である俵萠子さんも、新聞記者時代に味わった屈辱感を忘れることができないと語っています。同じかそれ以上の仕事をしているのに、昇級や昇給額に大きな男女差別があったというのですから、怒るのもムリはありません。

というわけで、おおむね歓迎された女性閣僚登用でしたが、中には、首をかしげる向きもあったようです。

もちろん、それだけの能力が認められての登用ならばいいのですが、もっとふさわしい男性議員をさしおいての人事ではなかったかという疑問があったのです。もし、そういうことであれば、これは一種の「逆差別」といえそうです。

それに、仕事をする女性が増えてきたとはいえ、多くの女性は、「名もなき女たち」です。「○○さんの奥さん」「○○ちゃんのお母さん」「○○さんちのおばあちゃん」と呼ばれることがとても多いのです。

よほど有名な女性と結婚していない限り、「○○さんのご主人」と呼ばれることはないのですから、「名もなき」女性は日本中にひしめいているはずです。

しかし、「名もなき」存在とはいえ、古来、日本の女性たちは、法的な権利を持っていなくても、自分の判断で主張できる場をたくましく持ち続けていました。

たとえば、作家の田辺聖子さんは、たびたび鹿児島にいらしていますが、戦前の家庭において、縁談とか商売のことなど、重要なことを決めたのは女性たちだったと言っています。亭主の言うことを聞いているようで、巧みに受け流していたと言うのです。

もしかしたら、選挙権なども、陰では持っていたのかもしれません。そこに、女房の意見を反映させることだってできたにちがいないからです。

「君子厨房を遠ざく」なども、男性を尊重しているようでいて、じつは、重要な女性会議の場である台所に、男性を寄せ付けないための方便だった可能性さえあるのです。

「女性登用」時代に、あえて、「名もなき女たち」の代表として文という女性に焦点を合わせたドラマには、こうした「名もなき女たちの偉大さ」を描こうという意図もあるのではないでしょうか。

とくに、戦後、法的にも女性の権利は非常に大きくなりました。ですから、高い地位に登用されなくても、「名もなき女たち」が活躍し、その偉大さを発揮できる場はたくさんあると思われます。

もちろん、専業主婦も大事で立派な仕事ですが、彼女たちの中にも、学校の父母会や生協活動やボランティア活動などに生きがいを見出《みいだ》して活躍している人がいます。

そういう姿を見ていると、あえて女性登用を声高に言うこともないのではないか。そんなことも思うのですが、これには異論もあることでしょう。

第2章

文の育った松陰の家庭と兄弟

文の子ども時代が偲ばれる姉・芳子の談話

明治41年（1908）10月に発行された、雑誌『日本及日本人』の「吉田松陰号」と題する臨時増刊号に、「松陰先生の令妹を訪《おとな》ふ」というタイトルのインタビュー記事が掲載されています（以下、引用は原文が旧仮名・旧漢字のものも現代語訳、新仮名・新漢字とします）。

この「令妹」は、文ではなく、その長姉にあたる児玉芳子（もと千代）ですが、この談話を読むと、文の育った環境を想像することができます。そこで、まずは、杉家の長女から見た、松陰の面影を追ってみたいと思います。

芳子の思い出の中の松陰は、幼少の頃から「遊ぶ」ことを知らないような子どもで、同じ年頃の子どもと一緒になって紙鳶《かみだこ》（凧《たこ》）を揚げたり独楽《こま》を回したりして遊んでいる姿を見たことがありませんでした。

「いつも机に向かって、中国の古典を読むか、文章を書いているかで、ほかのことは何もしていませんでした。運動とか、散歩をしたかというと、これもほとんどしていなくて、記憶に残ることはまったくありませんでした。

また、別に寺子屋とか手習場とかに通ったわけでもなく、実家の父（著者注　杉氏）及び叔父玉木氏に就いて勉強をしただけです」

叔父の玉木文之進の家は近かったので、三度の食事のときは家に帰っていたといいます。松蔭にとっての安らぎの場は、父母や兄弟姉妹に囲まれた家だったのでしょう。兄弟の仲もとてもよかったようです。

「杉家の兄の梅太郎と松陰は、見る者が誰も羨《うらや》まないものはいないほど仲がよかったのです。出かけるときも一緒、帰るときも一緒、寝るときも布団を一緒にし、食べるときの膳も一緒でした。……影が形に添うように、松陰は兄に従い、その命令に背いたことはありませんでした。

梅太郎は寅次郎より二歳年上で、自分は二歳年下で、年の差が小さかったので、兄弟の中では、とくにこの三人（著者注　梅太郎、松陰、千代）は仲がよかったのです」

酒もタバコも嗜《たしな》まない松陰は、弟子たちにも厳しく、タバコを吸っているものがいれば、彼らからタバコを没収し、こよりで結んで天井からぶら下げておきました。食べ物にも好き嫌いがなく、大食をすることもなかったので、死ぬまで病気をしたことがありませんでした。

しかし、これほど、自分を律する生活をし、弟子たちにも厳しかった松陰ですが、客の来訪はとても喜んで歓迎したといいます。いかにも社交好きという風情はなくても、心の温かさや思いやりの深さは、自《おの》ずからにじみ出ていたのでしょう。芳子はさらに次のように語っています。

「松陰は顔に痘痕《あばた》があり、お世辞は言わないようにしていました。一見、非常に無愛想のように思われましたけれど、一度か二度、話し合ってみると、年長年少のへだてもなく、松陰を慕いなつかないものはいませんでした。松陰も相手に応じて話をしようとしました。

松陰はまた、喜んで客をもてなしました。食事時には必ず御飯を出し、客に空腹を我慢して話を続けさせるようなことは決してありませんでした」

ここにあるように、松陰は、相手に合わせて話をするようにしていました。おそらく、年の離れた末の妹・文に対するときも、そのように接したことでしょう。優しい兄たちに囲まれて育った文の子ども時代が偲《しの》ばれます。

「家庭の人としての吉田松陰」児玉芳子

文の長姉・児玉芳子は、その後、大正2年（1913）1月、雑誌『婦人之友』にも、「家庭の人としての我兄吉田松陰」と題する文章を寄せています。（『吉田松陰全集』第十二巻に収録、岩波書店）

「私共の一家は、父をはじめ、矢張りこれも叔父に当たります玉木文之進と申す人も、塾を開いて居りましたようなことで、誰も中国の古典を手にしないものはなく……」

とあるように、一家全員が漢書を読むのが当然といっていい家柄だったことから、幼い文もおそらく、学問に触れる日々だったと思われます。

そして、松陰は、学問以外のことにはほとんど興味を示さず、お洒落《しゃれ》心は皆無でした。

また、自分のことよりも、他人に尽くしてしまう性格も終生変わらなかったのです。

「着物などでも、母が一枚こしらえて着せますと、いつまでも母が着替えさせるまで、黙って着ております。

そうして、その構わぬ風といえば、いつでも歩く時には、書物を沢山、懐中に入れますので、着物の一方が曲がってしまって、背筋の縫目が肩のところへ来て居るので御座います。

……手で提げたらいいでしょうにと言ったら、手を明けておかないと自由がきかぬなどと申しては、相変わらず懐中をふくらませて、肩を曲げて歩いておりました」

「ある時吉田の門人で、吉田家の後見役を致しておりました林といふ家に泊まりに参りましたが、折悪《おりあ》しく丁度その晩火事が出ました。

火事と聞くと、兄は直ぐに跳ね起きて、枕元に置いてあった自分の大切なものは打ちすてて、他の部屋にかけて行き、林家の家財をドンドン運び出してやりました。後にその事が分りまして、先方ではすごく気の毒がられましたが、兄はあなたの方では大事な家を焼かれるのですから、一つでも余分に、ものを出して上げたいと思うのは人情でしょう。そのために自分の少しばかりのものが焼けたといってもどうということはありませんと言っておりました」

前項でも出てきているように、杉家の兄弟仲のよさは、並々ならぬものがあったようです。芳子は、松陰との美しい友愛ぶりを次のように懐かしんでいます。

「秋など屋敷つづきの山に松茸《まつたけ》がたくさん出来ますので、今日は茸狩《きのこがり》をしようかなどと申しまして、私と三人でよく其《そ》の山に参って面白く遊んだことも御座います。長崎に参ったり、いろいろ国事に奔走致しております時でも、三人で楽しく遊んだ事を、よく夢に見て、その時分を懐かしく思うなどと手紙を私へ呉《く》れました。思いだすほど優しい人でありました」

「お正月などの遊びでも、無意味なことをしないで、いろはたとえをするとか、歌かるたでも取って、一字でも一句でも覚えるようにせよなどと、よく教えてくれました」

兄弟姉妹が集まって、賑《にぎ》やかに正月を楽しんでいるさまが見えるような気がします。そういう意味で、ごく平凡な穏やかな家庭だったのでしょう。

松陰の兄弟、三男四女の中での文の位置

文は、天保13年（1842）、今の萩市にあたる長門国《ながとのくに》松本村に生まれました。父は、長州藩の下級武士杉百合之助《ゆりのすけ》、母の名前は瀧子《たきこ》です。

7人兄弟姉妹のうちの下から2番目、四女として生まれたために、次男の松陰とは、13歳の年齢差がありました。ですから、文にとっての松陰は、はるかに仰ぎ見るような存在だったと思われます。

松陰はすでに、吉田家に養子に入り、吉田家を継いでいましたが、養父が早くに死去したために、実家に戻り同居していました。したがって、文は、松陰という強烈な個性を持った人物を身近に見ながら成長していったことになります。

しかも、文誕生の翌年には、三女の艶《つや》が3歳で死去、6歳のときには、長姉の千代が結婚、さらに、12歳のときに次姉の寿《ひさ》が、のちに文の夫になる楫取素彦と結婚しています。ですから、文は、久坂玄瑞と結婚するまでの4年間、杉家に残った一人娘として過ごしたことになります。おそらく、独身だった松陰の身の回りの世話を一手に引き受けていたのではないでしょうか。

この時期、松陰は、日本の現状を憂う余り、脱藩の罪を恐れず東北に遊学したり、密航を企てたりして、杉家に幽閉状態になっていました。

したがって、松陰は、結婚など思いもよらないことだったと思います。長女・芳子（千代）も次のように語っています。

「三十年の生涯は短いといえば短いのですが、一般的にいえば、妻を迎え家を成すべき年齢です。

しかし、松陰は年がやっと長じてからは、諸方に旅に出て、萩にいる時は、罪を蒙《こうむ》っている身で、蟄居《ちっきょ》を申付られていたのですから、妻を取るなどという話は起こりようもありませんでした。

中には罪に服している身であるから、表向きに妻を娶《めと》るわけにはいかないけれども、せめて世話する女性を近づけてはどうかなど、親戚筋で話してくる人もいたようですが、気持ちは親切ですが、松陰の心を知らない人の言うことなので、誰も、これを松陰に面と向かって言う人はいませんでした。

松陰は、生涯女性と関係したことはありませんでした」

幽閉状態にもめげず、叔父の玉木文之進から譲られた松下村塾に、多くの若者を集め育てた松陰の姿に、文は多大な影響を受けたはずです。

次の章で詳しくお話ししますが、文が久坂玄瑞と結婚するとき、松陰が与えた手紙を見れば、文が、いかに松陰の薫陶を受けていたかがわかります。

本にも書かれた母・瀧子と、父・百合之助

たとえば、『吉田松陰の母』（吉川綾子、泰山房）、『吉田松陰の母』（福本義亮、誠文堂新光社）、『吉田松陰をめぐる女性たち』（木俣秋水、大和書房）など、吉田松陰の周囲を彩る女性たちを描いた本は多く出版されています。

これらの本を参考にして、吉田松陰と縁のある人々が、どんな生き方をしていったのかを探ってみたいと思います。まずは、母の杉瀧子と父の杉百合之助です。

「親おもふ心にまさる親ごころ今日の音づれ何と聞くらん」
（子が親を思う以上に子を思う親心、今日のことをどんな思いで聞くのだろうか）

安政の大獄に連座した松陰が詠んだこの悲しい歌を見ただけで、松陰の親が、どんな家族を作り上げたのかがわかるような気がします。

文同様、脇役の脇役だった多くの女性たちの代表としての瀧子は、20歳のとき、杉百合

之助のもとに嫁いでいます。当時、杉家には姑と夫の２人の弟が同居し、姑の妹も子連れで帰ってくるなど大家族でした。

下級藩士の杉家は、決して裕福ではなく、女中や下男を雇うことができませんでした。したがって、瀧子は、夫とともに田畑を耕し、家事の一切を引き受けていました。

しかし、そんな貧しい生活であるにもかかわらず、子どもの教育に熱心で、学問だけは怠らないようにと、読書を勧めました。

松陰がのちに継ぐことになる松下村塾を始めた父の弟・玉木文之進は、人に厳しい人でしたが、その彼さえも瀧子を称賛してやまなかったそうです。松陰の弟子たちのことも可愛がり、貧しい中、彼らをもてなすことを楽しんだといいます。

こうした苦労の多い生活をしながら、ときには狂歌を作って披露し、家族を笑わせることもあったそうですから、根っからの楽天的な性格だったのでしょう。

楽天性は、生きていくための最良の力になり得るようです。私は、最近、『赤毛のアン&花子の生き方とヘレン・ケラー奇跡の言葉』（神宮館）を読んだのですが、彼女たちを支えたのも楽天性だったからです。

瀧子の生涯も苦労の多いもので、松陰だけではなく、子どもや孫たちにも先立たれています。とりわけ、松陰の刑死は、夫まで罰せられたのですが、慌てず騒がず、切り抜けたのでした。

末娘の文も、そんな母の姿を見て育ったのでしょう。彼女が兄や夫の死を乗り越え、再婚した楫取素彦のよき伴侶になり得たのも、こういう母のもとで多くのことを学んだからにちがいありません。

父・百合之助は、読書家で暇さえあれば本を読んでいたという父親の七兵衛の影響を受けて、読書好きの人間だったといいます。留守番をしている百合之助へのご褒美が、論語集だったといいますから、読書好きになっても当然の育ち方をしたのでしょう。

畑仕事をするときも、いつも座右に本を置いて、それを読みながら作業に励んだという逸話が残っています。勤勉で、読書好きの杉家の家風が見えるような気がします。そして、貧しくても武家としての誇りを失うことはありませんでした。

松陰が江戸に送られたときの杉家を、長女千代（当時は芳子）の記述からご紹介しておきたいと思います。

「父は申すまでもなく、母も気丈な人でしたから、心には定めし不安もあったのでしょうが、涙一滴こぼしもせず、私共に致しましても、たとえどんな事があっても、こういう場合に涙をこぼすということは、武士の家に生れた身としてこの上もない恥ずかしい女々しいことと考えておりますから……」

また、松陰が刑死したそのとき、瀧子は次のような夢を見たそうです。これも千代の記述からです。

「眠るともなく、うつ〳〵としていたところ、兄の松陰が、前年長崎から帰って参りました時のような、それはそれは壮健な様子で、そうして如何にも晴れやかな顔をして、母の前に坐ったそうです。母は喜んで『オヽ』と言ったとたんに目が覚めると、兄の姿はなく……」

松陰の両親は、お互いに、心を通じ合わせることができる素晴らしい家庭を作り上げたのでしょう。

長兄・梅太郎（のち民治）

梅太郎《うめたろう》は、杉家の長男として生まれました。松陰とは2歳違いの兄ということになります。幼いころから、父や叔父の玉木文之進に学問を教わり、文之進が塾を始めてからは、松陰とともに、勉学に励むようになりました。

22歳のとき、藩校の明倫館に入り、やがて役職にも就くようになりますが、弟の松陰（幼名・寅次郎）が、何度も国禁を犯しては勤皇思想を公言するので、そのたびに、そのとばっちりを受けています。

たとえば、監督不行き届きとされて、職を辞さざるを得なくなったり、謹慎を命じられたりしています。

それでも、松陰の志を押さえつけようとしなかったのは、自分自身も、そうした志を秘めていたからなのでしょう。もともと、長州には、かつて織田信長の足利将軍や天皇家軽視を非難する向きがあったように、勤皇の精神は根付いていたのです。

そして、応援し続けた松陰が処刑されてのちは、役職に復帰し、勤皇派の復権を期して、鎮静会という組織を作りました。

維新後は、数々の役職を務め、主として民政方面の仕事に励みました。民政家として優れていたので明治2年（1869）、「民治《みんじ》」という名を藩主から賜っています。明治4年（1871）には、山口県権典事という重職に就きました。その後、明治11年（1876）に辞職して故郷へ帰り、明治13年（1880）ごろから、松下村塾を再興して塾長になりました。

やはり、弟と勉学に励んだ日々を忘れることができなかったのでしょう。この塾は、25年間続きました。

晩年は、私立修善女学校の校長として、子女の教育に残りの人生を捧《ささ》げました。これも、松陰の遺志を継いだのかもしれません。松陰が、女学校の建設を提唱していたからです。松陰は、年配の教養ある武士の未亡人を教師にして、女児に女性の道を厳しく教えることを主張しているのです。

梅太郎が亡くなったのは、明治43年（1910）、享年は83歳でした。梅太郎もまた、松陰の偉大さに隠れた脇役中の脇役といえるでしょう。しかし、やはり、自分の分をわきまえつつ、内には燃えるものを持っていたのではないでしょうか。

松陰は、兄からもらった詩に対して次のような返書をしたためています。

「長男にとって、上には父母がいて、下を見れば弟妹がいます。外に出ると、役職が忙しいし、家の中では家事がたくさんあります。静かに座って読書し、ものを書くいとまはないでしょう。私矩方《のりかた》（著者注　松陰のこと）が長兄に望むことは、詩作ではなく、文章を書くことではなくて、人々に農事を教え、農業を指導して人々を富ませる学問をすることに越したことはありません」

松陰は、人にはそれぞれの役割があるということを言いたかったのです。そこには、兄がいなければ自分はないと考える松陰の、兄への崇敬の念が込められていたにちがいありません。

次兄・寅次郎（のち吉田松陰）

杉家の次男・吉田松陰は、幕末きっての主役であり、無数の本も出版され、たびたびドラマ化もされていますから、知らない人はいないでしょう。本書でも、その言動の端々はすでにご紹介しています。

ですから、ここでは、その生い立ちを、順を追って述べておくことにしましょう。

松陰は、父母と2歳上の兄、祖母、そして、父の弟2人という家庭に次男として生まれました。ほかに4人の妹と1人の弟がいます。吉田姓になったのは、5歳のとき、同居していた叔父の吉田大助の養子になったからです。

しかし、この養父は翌年病死、したがって、吉田姓を名乗りながら、実家で過ごすことになり、学問の師匠は、同じく同居していた叔父の玉木文之進でした。「栴檀《せんだん》は双葉より芳し」という言葉のとおり、幼いときから学問に秀でていたようです。

たとえば、9歳のときには、藩校明倫館の教授見習いとなり、11歳のときには、藩主のまえで、『武教全書戦法篇三戦』を講義して、藩主を感心させました。その後も講義の機会はたびたびあり、15歳のときには、褒美を賜っています。

しかし、時代は、松陰に学問のみの生活を許さず、やがて、尊皇攘夷《そんのうじょうい》の思想を持つようになりました。そして、その考えを広めるために全国行脚を試みるようになりました。

それは、嘉永3年（1850）九州から始まりました。平戸、長崎、熊本、佐賀などで多くの人々と出会い見聞を広めたのです。翌年には、藩主に同行して江戸へ行き、佐久間《さくま》象山《しょうざん》や山鹿素水らに師事し、多くの同志を得ました。

東北諸国に出発したのは、その年の12月、江戸で知り合った宮部《みやべ》鼎蔵《ていぞう》が一緒でしたが、前にも述べたように、松陰は、藩の許可状を得ないまま出発し、脱藩とみなされてしまいます。

江戸から、萩への帰還を命じられ、謹慎の身になったのは、翌年5月のことでした。そして、その年の暮れ、松陰は、脱藩の罪で士籍と家禄《かろく》を剥奪され、浪人の身になってしまいました。

しかし、このときは、松陰の才能を惜しんだのか、藩主のお声がかりで、10年間の視察旅行が許可されました。そこで、嘉永6年（1853）、24歳になった松陰は、大和から伊勢、美濃、信濃と回って江戸に入りました。

アメリカからペリーがやってきたのは、松陰が江戸に入った翌月のことでした。これを知った松陰は、策を立てるには、まず相手のことを知ることと思い、長崎に停泊しているというロシア船に乗って外国行きを企てます。

ところが、長崎に行ってみると、すでにロシアの艦隊は出航してしまっていたので、いったん萩に帰り、江戸へ向かいました。ペリーの船でアメリカへの密航をしようとしたのです。

ところが、これは相手に拒否されて失敗、松陰は弟子の金子重輔《しげのすけ》とともに囚《とら》われの身になります。そして萩での蟄居を命じられ、藩の獄舎である野山獄《のやまごく》に幽閉されてしまいました。

とはいえ、じっと大人しくしている松陰であるはずがなく、他の囚人たちを教え、彼らに教わりという形で、野山獄は一種の塾のようになりました。

その後、もともと尊王の気風がある藩だったからでしょうか、同じ幽閉ながら、杉家の一部屋で暮らすことを許されます。それを知った若者たちが続々と集まってくるようになり、叔父から松下村塾を引き継ぐことにもなったのです。

そのメンバーは、桂小五郎（木戸孝允《たかよし》）、久坂玄瑞、高杉晋作、品川弥二郎《しながわやじろう》、入江九一《いりえくいち》、伊藤利助（俊輔のちの博文）、山県有朋などなど、枚挙にいとまがありません。

ところが、ペリーに1年後の返事を約束した幕府は、準備も整わないまま、開国を決めてしまいます。松陰は、幕府の佞奸《ねいかん》を除かねばと思いつめ、幕府老中の暗殺を示唆し始めたのです。

私は、武力を用いての攘夷を実行せず、のらりくらりと対応した幕府も頑張ったと思うのですが、足でつかんだ情報から、松陰は幕府が夷敵《いてき》に屈したと思ったのでしょう。

再び、野山獄へ幽閉の身になったあげく、彼らの動きを警戒した井伊直弼大老は、この動きを封じるために、松陰たちを刑場に送ったのです。これが、「安政の大獄」です。

松陰は、まだ30歳でした。しかし、松陰は、計り知れないほどの大きなものを遺《のこ》したのです。

長姉・千代（のち芳子、児玉祐之の妻）

千代は、この章の初めに述べたように、松陰のすぐ下の妹です。年の差は2歳しかありませんから、もっとも親しい仲だったと思います。したがって、たびたび、千代宛の手紙も書いています。千代は、その思い出を次のように語っています。

「私は早く縁づきましたし、今の娘さんたちのように、どこへ嫁入っても、いつでも構わず生家に往《ゆ》き来をするというような、そんな事は中々出来もせず、また自分でも好みませんから、生家に参るようなことは滅多にありませんので、兄はとても私を懐かしがってくれまして、時々便りをくれるときには、今度はいつ来るか、来られるときには前以《まえもっ》て知らせてくれ、待っているからなどと申して参りました」

その手紙の一部をご紹介しておきます。

「あなたは、幼い時から心がけがよくて、ひときわ親しく思っています」

とあるのは、まだ親に甘えたい13歳の頃、父親の赴任先についていって、身の回りの世話をしていたことを指しているのでしょう。

「あなたの家のおばさまもお亡くなりになったのだから、あなたもいろいろなことに心がけていなくてはいけませんよ。ことにおじさまも年を取って、高齢でいらっしゃるので、とくに孝行を尽くしなさい」

千代の嫁ぎ先は、母の瀧子が結婚するにあたって、杉家とのつりあいから養女となった児玉家でした。舅《しゅうと》となった太兵衛は、非常に気難しい人とされていたので、松陰は、千代に、嫁としての心得を諭したのです。

その他、2人の子の母になった千代に、母としての役割、子どもへの教育の仕方など、折あるごとに、長い手紙を書いています。

松陰刑死後、さらに3人の子どもに恵まれ、二男三女の母となった千代には、義弟の久坂玄瑞の戦死（自死）、もう1人の義弟小田村伊之助（のちの楫取素彦）の入牢《にゅうろう》など、つらい出来事が続きましたが、松陰の諭しを胸に立派に対応しています。

中でも、「萩の乱」が起きたときのエピソードは、いかにも武家の女性にふさわしく、特筆に値します。

それは、父が死去し（慶応元年）、夫にも死別（明治8年）してのちの、明治9年（1876）のときのことです。当時、明治政府の方針に不満を持つ士族たちが、次々に叛乱を起こしていますが、「萩の乱」もその1つです。

このとき、文之進は、弟子がこの乱に参加していたことの責任をとり、祖先の墓地で自決したのですが、千代はなんとその場に立ち会い、一説には一刀を取って介錯《かいしゃく》したともいわれます。夜になって荒れ模様の天候の中、千代は、1人であとの処理をしたといいます。

その後、長男万吉に死なれるという悲しみも味わいますが、吉田家を相続した次男庫三《くらぞう》が住む東京の家の隣に家を持ち、穏やかな晩年を過ごしたそうです。亡くなったのは大正13年（1924）、93歳の長寿を保ち、兄弟姉妹を見送ってのちの大往生でした。

次姉・寿（楫取素彦の最初の妻）

次女の寿は、松陰とは9歳の差があります。15歳で、松陰の弟子で、松陰より2歳年上の小田村伊之助に嫁ぎました。小田村は、明倫館の講師でもありましたが、松下村塾の中心人物でもありました。

松陰は、松下村塾を彼に託そうとしたくらいですから、よくできた人物だったのでしょう。

しかし、ペリー来航で騒然とする中、彼もまた不在がちの毎日で、寿は、子どもを連れて実家で生活することも多かったようです。松陰は、千代に比べて、優しさよりも勝ち気さが勝る彼女を心配して、それを戒める手紙を出しています。

「お寿は、若い時は、心が偏ったところがありました。この気性は、おそらく、生まれた子にとっては、わざわいになるでしょう。しかし、今子どもを抱く身になったのだから、決して若い時のようにしてはいけません。穏やかで素直で心を広くして幼子を育てて、将来、勉強に精を出すもとを作りなさい。それを大いに祈っています」

とはいえ、次のようなエピソードを知ると、この気の強さが役に立ったということもあるようです。たとえば、禁門の変後、幕府に恭順しようとした藩の方針で、小田村が、野山獄に囚われたことがありました。

このとき、寿は、人目につかない夜中を選んで、彼のもとを訪れ、食物や衣類を届けました。同行した文が怖がっているのに、寿はびくともせず、面白がるふうもあったといいます。

そして、松陰が刑死、義弟の久坂玄瑞も戦死（自死）して、維新を迎えた寿は、楫取素彦と名を改めた小田村に対する妻としての役割を務め上げています。その勝ち気な性格が生きたといえる場面もたくさんあるのです。

中でも、楫取素彦が、群馬県令として赴任したときは、寿の助けがなくてはやり遂げられなかったのではないかと思われるほどの役割を果たしています。

当時、道徳教育が津々浦々まで行き届いていたとはいえず、赴任地の群馬も、「難治県」と呼ばれていました。寿は、荒くればかりの群馬の人々を救うには、宗教しかないと思いあたり、昔から信仰していた浄土真宗の教えを広めようとしたのです。

それは、見事に成功し、その活躍は、「あらくれし地にもみのりの花は咲く、名もゆかりある熊谷の里」と詠《うた》われました。寿は「関東開教の祖」といわれています。

楫取素彦が携わった製糸業も盛んになりました。群馬県が、養蚕で有名になり、教育県と呼ばれるようになったのは、楫取素彦と妻の寿の働きがあったればこそだったのです。

大河ドラマとときを合わせるように、富岡製糸場と絹産業遺産群は、世界遺産に登録されました。草葉の陰で2人が喜んでいる姿が見えるような気がします。

こうして、内助の功以上の功績を残した寿でしたが、胸を病み、明治14年（1881）、2人の息子を残して、44歳の若さで亡くなりました。

弟・敏三郎

杉家では、寿が生まれて3年後、3人目の女児に恵まれました。しかし、艶と名付けられたこの三女は、文が生まれた翌年、わずか3年の短い生涯を遂げています。

そして、艶の死後2年目、文が3歳、松陰が16歳のとき、弟・敏三郎《としさぶろう》が生まれています。敏三郎は、生まれつき聾唖《ろうあ》でしたが、その容貌は、松陰にもっとも似ているといわれています。

松陰は、弟を哀れがりつつ、性格が温和で賢い敏三郎を愛し、常に気にかけていました。旅先の九州から、兄に向けて次のような手紙を書いています。

「来月上旬頃、長崎に出て肥後に回り、加藤清正公の墓参りをし、弟の敏のために、言葉がしゃべれるようになることを祈って帰るつもりです。そういうご利益があると聞きましたので」

と、弟の敏三郎がしゃべれるようになるように祈ったのです。

さらに、最初に野山獄に幽閉されたときの正月には、「敏三郎は習字を一生懸命にやっているので、書初めが見たい〳〵」と、手習いに精を出す敏三郎を励ましています。

その後も、敏三郎を案ずる文章を書き連ねています。

「敏三郎ももう十四歳になる、顔つきや動作は普通の人と少しも変わらない。字を写して書くことはとても上手である。他人が読書をすれば、黙って一心に見ている。そして何事でも大体、文字で書けば解《わか》っている。それで物が言えないのは、じつに可哀想でありいじらしい。

この頃自分が幽囚の部屋で、朝夕祖先の霊位に対して、祈願礼拝すると、敏三郎も必ず来て霊前にお香を焚《た》いて礼拝している。そして何か言っている様であるが更にわからない。そこで、敏三郎になぜ礼拝するのかと聞いたら、口を指して読書のまねをし、又は礼拝祈禱《きとう》の格好をする……」

こうして、家族に愛された敏三郎でしたが、明治9年（1876）、32歳で亡くなりました。

叔父・玉木文之進（松下村塾創設者）

松陰の父・百合之助には、2人の弟がいます。1人は吉田大助、吉田家の当主が死亡したために、6歳で吉田家の養子になりました。松陰を養子にした人です。この人も、学問に優れていたようですが、松陰を養子にして間もなく病没しています。

しかし、その教えは、松陰に大きな影響を与えています。

「亡父の教えを尊敬している者が、どうして泥棒になって、何もしないで家禄をもらっていられようか」

「賢くて善良な人が、大志を抱きながら若死にしたことは、実に悲しむべきことだ。彼の遺言を守って自分は勤王の心をさらに強くしよう」

とまで言って、自らを励ましたのです。

2番目の弟が玉木文之進です。文が生まれたとき、自分の名前の一字を与えていますから、文の誕生をよほど喜んだのでしょう。

姓が杉でないのは、彼もまた、親戚の玉木家へ養子に行ったからです。当時は、何よりも家の存続を大事にしましたので、養子縁組は頻繁に行われていたのです。

もともと、杉家は、吉田家の出であり、山鹿流兵学を修める家柄だったので、その伝統が、吉田家、杉家、玉木家に伝わることになりました。

文之進は、文武両道に優れ、結婚後も杉家に同居していましたから、杉家の子どもたちの教育は彼の役割だったようです。その後、明倫館に出仕するようになりますが、ここでも、松陰兄弟のよき師として務めました。

しかも、松陰が育てた松下村塾の創設者でもあります。多くの人材が、この塾から巣立ち、多種多様の功績を残していますが、文之進がいなければ、それも叶《かな》わなかったことになるのです。

また、明倫館でも活躍し、その一方で、異国船に対する防御については祐筆《ゆうひつ》などの要職を務めています。したがって、藩の上役たちも、「玉木先生」と呼んで尊敬していたといいます。

とくに、各地の代官を歴任したときは、16人いた代官の中で、もっとも優れた代官といわれました。

しかし、まえにも触れたように、明治9年（1876）、「萩の乱」が勃発したときに、その責任をとって自刃しています。

文之進は、首謀者の前原一誠が、この乱を組織して内乱を起こそうとしているのを知り、その軽はずみな計画を諫《いさ》めたのですが、前原は言うことを聞かず、兵を挙げてしまったのです。

松下村塾最年長の塾生だった前原一誠は、倒幕を、松陰の敵討ちと捉えていたかのように活躍しましたが、明治政府の高官になってのち、政府の主流と対立していたのです。松陰が評価したように「誠実で生一本」な性格が、この乱を起こさせたのでしょう。前原一誠だけではなく、この乱には、文之進の養子正誼《まさよし》（乃木希典《のぎまれすけ》将軍の実弟）や多くの門下生も参加していました。ですから、文之進は、

「これは、私のかねての教育がよくなかったから起こったことである。何の面目があって、亡くなった父兄に申し開きができるだろうか、また、弟子の教育ができるだろうか。その責任は私にある」

と、自責の念から自刃したのです。このとき67歳でした。

第3章

文を愛した第一の志士・吉田松陰

真情溢れる「文妹久坂氏に適くに贈る言葉」

文が久坂玄瑞と結婚することになったとき、松陰は、「文妹久坂氏に適《ゆ》くに贈る言葉」と題し、「久坂玄瑞は防長年少第一流の人物にして、固《もと》より亦《また》天下の英才なり。今少妹の稚劣なる、その耦《つれあい》に非《あら》ざるや審《つまびら》かなり」と始まる長い手紙を、文に宛てて書いています。

これは、当時の女性に読めたものかどうか疑問に思えるくらい難解な文章になっています。坂本龍馬が、故郷の兄弟姉妹や姪《めい》などに宛てた手紙と比較すれば、その難解さはわかると思います。

ちなみに「適く」は「ゆく」と読み、現代でいえば漢検一級程度の難しさです。ということは、文にはこれを読むだけの読解力があったことになります。杉家は、本来、学問を好む家柄だったことがよくわかりますね。

次に、その手紙をご紹介しておきましょう。真情溢《あふ》れるその手紙から、文がどんなに可愛がられて成長したかを窺《うかが》い知ることができます。

「久坂玄瑞は、防長（周防国と長門国）の若者の中ではもっとも一流の人物で、言うまでもなく、天下の英才である。今、お前は稚拙で劣っているので、その妻としてふさわしくないことは明らかである。

しかし、人は、努力をしないことがいけないのであって、自分から励み努めれば、何でもできるはずだ。まして、女の道はそれほど難しいものではない。ただ、努力をしないことが心配なだけだ。

酒食をしっかりと整え、父母に心配をさせず、からむし織や養蚕など家事万端を怠らないようにしなさい。貞節を守ることは、嫁としての初めに大事なことである。今の世は、礼の教えが失われ、再婚することの恥を知らず、鉄漿《おはぐろ》（著者注 既婚女性が歯を黒く染めること）の意味も知らない。

私はかつて、文のために、班氏（著者注 中国の女性歴史家）の著書のうちの専心篇を詳しく教えた。これがすなわち、結婚する女の第一の心得である。文子よ、怠ってはならない。これ以外のことでは、私は何も心配していない。幼稚で劣っていても、天下の英才の耦になる道はこれである。

文子が生れたとき、玉叔父はひじょうに喜び、その名を与えた。文という名前は、偶然につけたものではない。

お前の姉の千代は、一生懸命嫁の務めを果たしている。私は千代を尊敬している。お寿は、賢く、小田村氏と結婚することができた。私はお寿を愛している。お前は、一人だけ遅く生まれ、もっとも愛しいと思っている。暇があったら書を読んで、大体のことを理解し、お文の名前にふさわしくしていれば、合格点に近くなるだろう。しかし、女が書を読むことは、男と同じではなく、夫や父兄がいればこそということを忘れてはならない。

安政四年十二月五日、結納などの礼が尽くされ喜びが成就する。父母や伯父、叔父の祝いの言葉は至れり尽くせりである。次兄の寅二、今、この言葉を贈る」

司馬遼太郎が「維新史の奇蹟」と呼んだ松陰の存在

日本最大の歴史転換期となった幕末・維新史の中で、作家の司馬遼太郎氏は、２つの奇跡が起きたと書いています。

歴史の順序でいうと、1つは、わずかな期間に多くの人材を育てた吉田松陰の存在であり、もう1つは、薩長同盟と大政奉還の道筋をつけた坂本龍馬の存在です。

司馬氏は、西国一の大大名だったのに、関が原で西軍の大将になったばかりに中規模大名になってしまった長州が、幕末から維新にかけて歴史の舞台に躍り出てきたことについて、次のように描いています。(『世に棲む日日』文春文庫)

「『それも、松陰以後である』

と、よくいわれる。

松陰吉田寅次郎という若者が萩城下の東のほうの郊外の松本村の松下村塾で子弟を教えてからのことである、という意味である。それ以前の長州藩というのはただの大名であったにすぎなかった。……

松陰が、それを変えた。

といっても、松陰吉田寅次郎は藩の行政者でもなく、藩主の相談役でもなく、ないどころか、松下村塾の当時のかれは二十七、八の書生にすぎず、しかも藩の罪人であり、その体は実家において禁錮されており、外出の自由すらなかった。この顔のながい、薄あばたのある若者のどういうところがそれほどの影響を藩と藩世間にあたえるにいたったか、それをおもうと、こういう若者が地上に存在したということじたいが、ほとんど奇蹟に類するふしぎさというよりほかない」

また、司馬氏は、龍馬については次のように書いています。

「維新という革命は、尊皇攘夷の思想をもって徳川幕府を倒し、日本の潜在的主権であった天皇家を興してこの国に近代的統一をもたらしたものだが、竜馬はその志士の中に立ちまじりながら、海運業をおこし、株式会社の構想を考え、同時に上院・下院による議会制度を献策し、ほとんど共和制にちかい政体まで考えた。

こういう先進思想が、幕末の一介の剣客の脳裏にうかんだという点が、奇蹟といわれるひとつである」(『司馬遼太郎が考えたこと』3、「坂本龍馬のこと」、新潮文庫)

しかも、龍馬は、じつは、まだまだ世の動きに疎いまま土佐勤王党に属していたころ、のちに文の夫になる久坂玄瑞や、民間から募った「奇兵隊」という当時ではあり得ない軍隊を作った高杉晋作と親交を結んだことがあります。
このとき、松陰はすでに刑死していましたが、松陰が高く評価したこの2人から、間接的に影響を受けたという可能性は大いにあるはずです。
たとえば、司馬氏の『竜馬がゆく』（文春文庫）には、龍馬の次のようなせりふがあります。

「志士は、いつ溝に落ちて死ぬかわからない、勇士はいつ首をうしなうかわからない、そのことは常に覚悟している」

この言葉は孟子《もうし》の言葉で、松陰が塾生たちに伝えたものとして知られています。（『講孟余話』勝文公下編首章）
この言葉のとおり、松陰は、自己保身に走ることを嫌い、それを不名誉なことと思い、堂々と主張して死を受け入れました。龍馬もまた、佐幕派、勤王派を問わず人材を登用しようとして、どちらからも警戒されることになってしまいました。
いまだに、龍馬を襲ったのが誰なのかについて諸説あるのもそのためでしょう。

そういう意味で、幕末、その存在自体が奇跡だったこの2人には、共通するものがあるようです。

文豪スティーヴンソンが日本人より先に伝記

幕末から明治の初めにかけて、吉田松陰の伝記を書こうという動きは何度かあったようです。

たとえば、まえの章で取り上げた「松陰先生の令妹を訪ふ」の掲載誌に、弟子の1人である野村靖《やすし》は、松蔭の友人・土屋蕭海《しょうかい》が書きかけたという話をしています。高杉晋作が、書きかけの原稿を見て「これは先生の伝記とはいえない」と言って引き裂いてしまったというのです。

また、維新後、広瀬淡窓門下の漢学者として名のある長三洲《ちょうさんしゅう》は依頼されたのに、辞退したそうです。楫取素彦も、試みたあげく中断したようです。

結局、幕末に2つの写本があるのみで、日本人による本格的な伝記は、明治24年（18

91）、野口勝一と富岡政信共編の『吉田松陰伝』が最初です。

というわけで、明治15年（1882）、『宝島』や『ジキルとハイド』で有名なイギリスの文豪ロバート・ルイス・スティーヴンソンが書いた伝記が、本格的な伝記の最初ということになりました。

明治15年といえば、維新の混乱が続き、先がまだ見えないころです。そんなときに、イギリス人が注目したのです。これはやはり松陰の存在がいかに奇跡であったかの証《あかし》といえるでしょう。

スティーヴンソンは、『Familiar Studies of Men and Books（人と本についての親しみやすい研究）』という本で、ユーゴ、バイロン、ホイットマンなど欧米の著名人7人とともに、5章で「YOSHIDA-TORAJIRO」と題して、松陰を取り上げました。

スティーヴンソンが松陰について知ったのは、松陰が刑死する前年の安政5年（1858）に13歳で弟子入りした正木退蔵からでした。たったの1年で、松陰に心酔した正木は、維新後、洋学の知識があることから、2回もイギリスに留学しました。

そのとき、新進の作家であるスティーヴンソンに会い、師の松陰の話をしたのです。松陰がどれほど偉大な人物かを知ってほしい一心で、熱を込めて語ったのでしょう。

もちろん、正木の記憶にある松陰像を聞いたスティーヴンソンが、彼の解釈を交えて書いたものです。そこには、記憶違いや言葉によるずれは否めないものがあります。ですから、この本の価値は、日本での伝記よりも先に、遠いイギリスの文豪が松陰を取り上げたところにあるのです。

昭和9年（1934）から発刊された『吉田松陰全集』の第十巻には、この原文が掲載されていますが、編集委員の1人である広瀬豊も次のように語っています。

「正木の滞英当時は、異郷の空に、何らの史料もなく、ただ二十年前の記憶をたどって物語ったものなので、多少の記憶違いや、語学的不完全さもあっただろう。だから、ところどころ誤記のあるのはむしろ許すべき事である。

もちろん主要部には誤りなく、大体信ずべきものであるだけでなく、不朽の大文豪が、松陰を世界に紹介した名著として特別な意味がある」

その一部を、以前、『吉田松陰の夢　松下村塾の魂』（徳間書店）に掲載された私の拙訳でご紹介しておきたいと思います。

「彼が抱いていた現状への不満の大きさは改革という目的に彼が身を投じた熱心さが証明している。そして、ほかの人間なら意気阻喪してしまいそうなどんなことが起こってもヨシダはかえってそのために自分の使命を果たす意欲を掻《か》き立てた」

「彼は多分、ほかの国の悪いところを捨て、いいところを取り入れて、異人の知識を日本の役に立つようにし、しかも日本という国の独自の芸術や美徳を含め、異国に犯されないまま守りたいと念願していた」

「彼らは漁師の小舟を手に入れて漕ぎだした。ペリーの船は潮の満ち干のため沖に停泊していた。彼らがペリーの船に上がるさまは、彼らの決意を如実に表していた。というのは、彼らは船に手を掛けるや否や、彼らの小舟を彼らが再び戻れぬよう、蹴り離してしまったからだ」

「彼の最後のシーンはまさに彼の経歴そのものであり、その経歴の栄誉にふさわしいものだった。彼は機会をとらえ、公衆の面前で彼の計画を誇らしげに告白した。そして、聞き手の彼らの国の歴史の一節を読み聞かせ、ついには将軍の権力の不法さと、その権力の行使が汚す罪について語った。こうして彼はここぞと一度かぎりいうべきことを言い切ったのち引き立てられ、そして処刑された。31歳だった」

「彼は、彼が試みた個々の企てにおいてはことごとく失敗したが、彼の国のその後を見る限り、逆に彼の成功がいかに全体的には完全なものだったかが見て取れる。なぜなら彼の同志や教え子たちが、あの決定的な変革の中で、主導的な役割を果たすことになったからである。ほんの12年ほど前のことである」

「人材は群生する」格好の事例となった松下村塾

文の2人の夫である久坂玄瑞と楫取素彦は、ともに、松陰が「優れた逸材」と認めた人物です。しかし、吉田松陰のところには、彼らだけではなく、優れた人材が多く集まっていました。

松陰が野山獄から自宅に幽閉されるようになってから、老中暗殺計画で入牢するまでの期間はわずか3年、松下村塾を叔父の玉木文之進から譲られてから数えれば2年に足りません。

この短い間にこれだけの人材が集まったのです。しかも、彼らの出身地は、ほとんどが、松下村塾があった松本村から半径3キロメートル以内です。

これは偶然の出来事でしょうか。この松本村という地、この幕末という時代に、偶然、優れた頭脳や才能を持った人物が集まったのでしょうか。私は、そんなことはあり得ないと思っています。

もちろん、いつの時代でも、どんなに狭い地域でも、1人や2人の神童が誕生することはあります。しかし、秀才や天才が群生するはずはなく、当初はごく普通の少年たちだったにちがいありません。

つまり、彼らは生まれながらの秀才、天才だったのではなく、松陰の率いる松下村塾で人材集団に変わっていったのです。「人材が群生する」理由はここにあります。私が、このことを確信したのは、私の師友、佐藤芳直S・Yワークス社長とご一緒に萩で講演をしたときでした。

神童はわずかで、ほとんどは普通の若者たちが、優れた人材として群生するには2つの要因があります。1つは、優れた指導者がいて、門弟たちの相互作用があることです。つまり、卵が孵《かえ》るとき、内側と外側から殻をたたきあうような師友関係（啐啄同時《そったくどうじ》）と、門弟同士の競い合い（切磋琢磨《せっさたくま》）が優れた人材を群生させるのです。

もう1つの要因は、時代の要請があることです。国家が大きな岐路に立たされたとき、そこを乗り切ろうとして、人々の意識は高まります。その結果、必要な人材が群生していくのです。

幕末は、まさにそういうときでした。群生した結果、師の松陰を始めとして、久坂玄瑞や入江九一や吉田稔磨《としまろ》ら、多くの人材を失いながら、長州は、「長州ファイブ」と呼ばれる5人の人材を生み出しています。

その5人とは、伊藤博文（俊輔）、井上馨《かおる》（聞多）、井上勝《まさる》、遠藤謹助《きんすけ》、山尾庸三《やまおようぞう》です。

この5人は、文久3年（1863）、藩主の命により、密《ひそ》かにロンドンへ向かいました。これは、アメリカ密航を企てた松陰の夢を果たしたといえるでしょう。

彼らは、ロンドンで、その優れた文明を目の当たりにしました。それは、尊皇攘夷を尊王開国に変更させる原動力になったことでしょう。尊皇攘夷を旗印に戦ってきた藩を説得するのは大変だったと思います。

しかし、「百聞は一見に如《し》かず」の言葉どおり、この海外体験は、維新政府で大いに役立ったのです。

ロンドン大学には、今でも、彼らをたたえる顕彰碑が立っています。そこには、伊藤博文は内閣、井上馨は外交、井上勝は鉄道、遠藤謹助は造幣、山尾庸三は工学のそれぞれの父と記されているのです。

この「人材群生」の現象は、薩摩にも見られています。薩摩では、開明派の藩主・島津斉彬が率先して海外文明を取り入れようとし、その意を受けた人材が、下加治屋町《したかじやまち》や「三方限《さんぼうぎり》」と呼ばれる狭い地域で群生していきました。

寺島宗則や五代友厚や森有礼《ありのり》や長沢鼎《かなえ》など、19人の留学生と使節団がイギリスに派遣されたのは、長州ファイブに遅れること2年の慶応元年（1865）のことでした。

このとき、斉彬は、残念ながら病死していましたが、その意を受けた多くの人々が誕生していたのです。もちろん、西郷隆盛や大久保利通はその筆頭ですし、徳川家を救った篤姫もその1人といっていいでしょう。

また、心ならずも朝敵になってしまった会津にも、大河ドラマ『八重の桜』でおなじみになった山川浩・健次郎兄弟、その妹の大山捨松《すてまつ》、山本覚馬、その妹の新島八重、北清事変の英雄・柴五郎、第一次大戦後のドイツ人俘虜収容所《ふりよしゅうようじょ》所長で日本で最初にベートーベンの第九交響曲を演奏させた松江豊寿《まつえとよひさ》らの人材が、やはり輩出したことも忘れられません。

厳しい教育が、家族の絆を盤石にした

文が久坂と結婚するとき、松陰が贈った手紙を見てもわかるように、松陰は、年の離れた妹を可愛がると同時に、厳しい教育を施していたようです。

それは、おそらく、松陰自身が、厳しい教育を受けたからでしょう。

杉家は、前にも述べたように学者の家系で、松陰の父・百合之助の弟の大助は、長州藩の「山鹿流兵学師範」を代々務める吉田家に養子に入っています。松陰の吉田姓は、5歳のときに、叔父である吉田家の養子になったからです。

また、大助の弟の文之進は、吉田家よりも格上の玉木家の養子になりました。父と叔父

は、急病死した大助の跡を継いだ松陰を一人前にすることに使命感を持ったのでしょう、松陰を厳しく育てました。

司馬遼太郎氏は、たとえば、痒《かゆ》いところを掻いただけで、気絶するほど殴りつけたと、玉木の厳しい様子を描いています。(『世に棲む日日』)

玉木によれば、痒みを掻くことは私情からの行為であり、公に尽くすべく学問をしている侍がやってはならないことだというのですから、確固とした教育方針を持っていたのでしょう。

文は、当時の松陰のことを、次のように語っています。(『日本及日本人』臨時増刊「吉田松陰号」)

「父も叔父も、極めて厳格な人でしたので、小さな子供に何もそこまでしなくても、と思われるようなことが、しばしばありました。

母などは、その様子をそばで見ていて、そこは女ですから、見るにしのびないこともあったようで、『早く席を立って、どこかへ行ってしまえば、こんなつらい思いをしなくてもすむものを、なぜ寅次郎は、ぐずぐずしているのか』と、はがゆく思った

「こともあったそうです」

また、文は、松陰が逃げずに勉学に励んでいる様子も話しています。

「とても従順で、いわれたことを、そのとおりにやれるかどうか、いつも心配している、そんな人でした」

松陰には、「眠くなると蚊に刺させた」というウソのような本当の話も残っています。蚊に刺されたら、痒くて勉強に身が入らないと思うのですが、そこが松陰の松陰たる所以《ゆえん》なのかもしれません。

この強靭《きょうじん》な精神力については、明倫館で学んだ乃木希典が玉木に聞いた話として、体は丈夫ではなかったが、決して居眠りしたり欠伸《あくび》をしたりしなかったと、松陰の精神力の強さを語っています。

玉木もまた、この甥《おい》の精進ぶりを、寅次郎の半分も勉強すれば大丈夫だと、乃木に言っていたそうです。

思えば、松陰が生まれた当時、父は27歳、母は24歳、大助は24歳、玉木は21歳と、若さに溢れていました。この若さゆえの活力が、松陰への厳しい教育を可能にしたにちがいありません。

とくに、父の尊王思想に大きな影響を受けています。たとえば、萩城下で大火があって、一家が松本村への移住を余儀なくされた文政10年（1827）、仁孝天皇《にんこう》が、十一代将軍の家斉を太政大臣に、子の家慶を従一位に任ずるという詔《みことのり》を発しました。その礼を言上するのに、家斉らは、自分で行かず家臣を遣わしました。

父は、このことを嘆き悲しみ、涙を流したというのです。その思いを息子に伝えるべく、畑仕事をしながら、このときの詔を全文暗誦《あんしょう》させました。学問は机上のものだけではないことを松陰は知り、自分も門弟にそれを伝えていきました。

松陰が江戸送りになる前日、松陰は父に、「耳に存す文政十年の詔」「口に熱す秋洲《あきす》（秋津洲《あきづしま》＝日本国のこと）一首の文」という句を入れた詩を贈りました。これはまさに、父と子の絆の象徴だったのです。

今の時代ならば、父は「こんなことになるのなら、教えなければよかった」と後悔するところです。しかし、父・百合之助は、こんな息子を誇りに思ったことでしょう。これこそ、武士道そのものなのです。
そのうえ、ことは勉強だけではなく、日常生活にも及び、松陰を間近に見ていた玉木夫人は、乃木に次のように語ったそうです。

「自分でできることは、何でも自分でやって、人任せにすることはなく、身の回りの整理整頓や後片付けは、人に言われるまえにきちんとやっていた。周囲の人間には、老若男女を問わず優しく接して、無愛想な態度は取らなかった」

このようなきちんとした生活ぶりと人への優しさと、あの大胆な行動を両立させた松陰像は、父と叔父から受けた厳しい教育と、「逃げてしまえばいいのに」という母の優しさによって培われていったにちがいありません。

人を集め人を感化しながら、自ら学ぶ「師友の塾」

松陰は、松下村塾の塾頭として、死後に活躍することになる幾多の弟子を育てました。しかし、松陰の教育者としての活動は、じつは、それ以前、野山獄に幽閉されているときから始まっています。

それ以前の江戸伝馬町《てんまちょう》牢に入れられたときも、牢名主《なぬし》や見回り役人たちから尊敬の目で見られていた松陰は、野山獄でいよいよ、教育者としての真価を発揮し始めました。

安政3年（1856）の記録によれば、当時、野山獄に押し込められていた囚人は11人いました。年齢は76歳から36歳、中には、ほぼ無期懲役に近い49年もの間獄につながれている人間もいたのです。

松陰が野山獄に入牢したのは安政元年（1854）ですが、このとき25歳、もっとも若い囚人だったことになります。

獄暮らしの長い彼らは、もちろん、夢も希望も失っていました。押し込めることだけが目的で、更生させることなどへの配慮はまったくないのが当たり前の時代だったのでしょう。

松陰は、そんな囚人仲間に対してこれまでとはまったく違う風を吹き込みました。仲良くはしても同調はせず、一定の距離を保ちつつ、1人書に親しみ、喜怒哀楽を隠しませんでした。

たとえば、外国への密航を企てたとき同行した金子重輔が、岩倉獄の劣悪な環境の中で牢死したときは嘆き悲しみ、自分の食事を減らして費用を貯《た》め、遺族に弔慰金を送っています。

囚人たちは、そんな松陰を尊敬するようになり、松陰の話を聞いたり、読書会が始まったりしました。これは、『獄舎問答』『野山獄読書記』と題されて残っています。さらに、前述の龍馬の言葉に出てきた『講孟余話』も、ここから生まれました。

また、松陰は、彼らに教えながら、自分もまた彼らから学ぼうとしました。たとえば、俳諧をよくする2人の囚人からは俳諧を学び、獄の改善に協力させ、俳諧を広めて句会を開きました。

あるいは、書道に通じていて漢詩にも詳しい囚人には、読書の感想を話してもらうことで自信を持たせ、書道教師に仕立て上げてしまいました。

そこには、松陰の「人、賢愚ありと雖《いえど》も、各々一、二の才能なきはなし……」という考え方が反映されているのです。

松陰のこうした教育活動は、役人にも及び、彼らまでもが松陰の講義を受けるようになったといいます。彼らは、禁じられていた夜間の点灯を認めるなどして、「そのために罰せられても悔いはない」と語ったそうです。

松陰のこのような教育活動は、藩も認めるところになり、安政2年(1855)の暮れ、松陰が野山獄を出て実家の一室に蟄居を命じられてのちの1年間で、7人の囚人が釈放されたのです。

実家の3畳半の部屋で幽閉生活をすることになった松陰ですが、孟子の講義は続けられ、安政4年(1857)、文が久坂と結婚した年ですが、増えてきた塾生に対応するために、敷地内の廃屋を補修して8畳の教室ができ上がりました。翌年には、さらに拡張され、18畳半の広さになっています。

この塾における松陰は、決して上から教えることはせず、自分は自分の読みたいものを読み、塾生には塾生の読みたいものを選ばせるという自発性を重んじました。当時の記録には、文献名に付記して「与増野徳民《ましのとくみん》」「為玉木彦助」などとあります。「増野との対話」「玉木のために」という意味であり、まさに一対一の教育だったことの証でしょう。

そういう意味で、議論も、子弟は対等の関係で進められたようです。松陰の行動計画が過激であったり、時期尚早に思えたりしたとき、弟子たちは、思うことを遠慮なく発言しています。

「江戸にいる諸友、久坂・中谷・高杉なども皆、僕と意見が違っている。その違いは、僕が忠義をする積りであり、諸友は功業をなす積りであることだ」と、かなり激昂《げっこう》した手紙を書いているのを見ても、それがわかるというものです。

しかも、この手紙で、松陰は、弟子たちを「諸友」と呼び「諸君」と呼んでいません。師も弟子もないという松陰の姿勢を見ることができるのです。

家族想い、弟子想いの手紙の数々

現在、松陰の家族への手紙は、700通ほど残っています。弟子への手紙を合わせると、1000通は優に超えることになるでしょう。

家族への手紙は、梅太郎と千代（芳子）に宛てたものがもっとも多いのです。年齢が近いので頼ることが多く、親や妹たちを託す思いゆえだったのではないでしょうか。

文宛の手紙は、久坂との結婚が決まったときの祝いの手紙に勝るものはないようです。

ここでは、野山獄中に幽閉されているときの千代に宛てた長い手紙をご紹介することにしましょう。

中に、書物の差し入れに関する感謝の言葉が含まれています。最初の野山獄幽閉1年2か月の間に差し入れされた本は、512冊に及んだといいます。

衣類や食べ物の差し入れも含めて、そこにあるのは、罪人であるはずの松陰を信じている家族の姿です。

「十一月廿七日と、日づけがある手紙、ならびに九年母《くねんぶ》みかん、かつをぶしともに昨晩届きました。囲いの中は灯かりが暗いのですが、大体わかります。あなたの心中を察っすると、涙が出てやみません。夜着を着て寝ていても、どうしようもありません。

……

私は父母様や兄様のおかげで、温かい着物を着られて、食べ物もたくさん食べられ、さらに、筆や紙や書物まで何一つ不自由はありません……」

手紙は、舅や姑に孝養を尽くすよう、老人は金や玉にも換えがたい家の宝物であること、生まれた息子の萬吉を心して育てるようにと続きます。

「大体、人の子の賢いのも愚かなのも、良いのも悪いのも、大抵父母の教えによって分かれるものだ。……男子女子ともに十歳以下は母の教えの影響を受けることがひとしお多い……

だから、母の行いが正しければ、自分から良い悪いを感じることは疑いのないことである。……いろは歌の教訓にも、氏より育ちと言うように、子どもを育てることは大切な事である……」

そして、夫を尊敬し、祖先を敬うこと、親族はむつまじくあらねばならぬことなどなど、この手紙は、女性の生きるべき道をこまごまと書き連ねています。

次が、弟子たちに宛てた手紙です。やはり、安政5年（1858）から6年（1859）にかけた手紙が多いようです。過激な考えが膨らんでいった時期に重なります。遺言のつもりもあったのかもしれません。

・安政5年2月　久坂玄瑞が江戸に遊学の旅に出るのを送るとき

久坂玄瑞は、文にたくさんの手紙を残して、禁門の変で戦死しました。

「私の妹婿の日下実甫《くさかじつほ》（著者注　久坂玄瑞）は、年はまだ二十歳にもならないが、志は高く気鋭の若者で、生まれつきの才能を持っている。私は以前、吾が藩の少年第一流であると推薦した。……実甫往け。

侍はこの世に生まれて、自分がどこへ行くべきかを知らなければ、士気と才気とは、どこで発揮すればいいのかわからない。ただ生きているより、死に赴くことのほうがはるかに優れている……実甫往け。これを贈る言葉とする」

・安政5年7月　入江杉蔵（九一）を見送るとき

入江は、常に松陰の意思に従い、禁門の変で戦死。松下村塾の四天王の1人です。

「杉蔵往け。月白く風は清い、ふらりと馬に乗り、三百の里程を十数日。酒も飲むべし、詩も詠めばいい」

・安政6年4月　野村和作に宛てて

野村和作（靖）は、入江九一の弟で、維新政府に参加し子爵になっています。

「人は私を、乱を好むと言うけれど、草莽崛起《そうもうくつき》の（著者注　民間から立ち上がる）豪傑がいて、日本国が外国の支配を受けぬようにしたい」

・安政6年　高杉晋作に宛てて

高杉晋作は、松下村塾の双璧の1人で、奇兵隊を作るなど活躍しますが、惜しくも肺結核で死亡しています。

「死は好むべきものではない、また、憎むべきものでもない。道を尽くして心が安らかになる、すなわち、これこそが死に場所である」

「世に、体は生きて、心は死んでいる者がいる。身は亡びて、魂は存在する者がいる。

心が死んでいれば、生きていても役に立たない、魂があれば、役立つものである」

・安政6年　高杉晋作・久坂玄瑞・中谷正亮に宛てて

中谷正亮《なかたにしょうすけ》は、明倫館の秀才といわれ、松陰より年上ながら師事。文久2年（1862）に病死しています。

「いつもおしゃべりが過ぎる人は、いざというときに必ず押し黙る。いつも威勢のいい者は、いざというとき必ず滅んでしまう」

・安政6年　品川弥二郎に宛てて

品川弥二郎は、薩長同盟・大政奉還・倒幕などで連絡係として活動、幕末維新の同志や国のために生涯を捧げた人です。

「人間わずか五十年の命だ、人生七十は古来希《まれ》である、何かお腹《なか》の底からやりたいことをやって死ななければ成仏は出来ないぞ」

弟子たちに宛てた手紙や激励の言葉には、松陰が、死をかけて国事に奔走しようとした姿が見えてきます。死の直前に書き遺した『留魂録』の冒頭にある、

「身はたとひ武蔵の野辺《のべ》に朽ちぬとも留《とど》めおかまし大和魂」

は、まさにその象徴でしょう。

あるいは、刑場に向かう直前に残した絶筆として知られる直筆の歌と同じものが、また最近発見されました。同じ歌を何通か書いていたようです。そこには、

「此程に思定めし出立はけふきく古曾嬉《こそうれ》しかりける」
（このように、覚悟を決めていた出発のときを今日聞くことができてうれしいものだ）

とあります。（山口県文書館所蔵）

これもまた、松陰の生き方を知るよすがになることでしょう。

ちなみに、この和歌は、井伊直弼の腹心といわれた長野主膳が保管していたものだということです。弾圧側にとっても、松陰は注目に値する人物だったのではないでしょうか。家族に宛てた愛情溢れる手紙と併せてみると、優しさと激しい使命感が共存していた松陰の実像が浮かび上がってくるのです。

兄・松陰の早すぎる死を、文はどう受け止めたか

蟄居の身でありながら多くの人材を育てた松陰でしたが、幕府の動きに焦燥感を募らせていきます。やがて、幕府から梅田雲浜《うめだうんぴん》との間を疑われた松陰は、江戸へ送られることになります。そこで自ら老中・間部詮勝《まなべあきかつ》暗殺を述べたのでした。

江戸への護送直前、松陰は、3人の妹たち宛に、書き置きめいたものを書いています。それは、死を覚悟したもので、安政6年（1859）5月14日付けになっています。

自分は、今度江戸へ送られるとのことで、どんなことなのか内容はわからないけれ

ど、いずれ、五年、十年のうちに帰国できることとは思えないので、先《ま》ずは、再び帰国することはないと覚悟を決めました。何か言い残しておくことがあるように思いますが、先日詳しく申し述べておいたので、これ以上いうことはありません。

自分はこのたび、たとえ一命を捨てたとしても、日本のためになることなので本望です。

両親様への大不孝のことは、先日申しましたように、あなたがたで話し合って、自分の代わりに孝行を尽くしてください。

しかし、両親様へ孝行を尽くすと言っても、あなたがたはそれぞれ自分の家があるのだから、婚家を捨てて実家に尽くすようなことは、かえって道にはずれることです。各々、その家その家を整えて、夫を敬い、子を教え、親様に世話をかけないようにすることが第一です。女性は、夫を敬うことを父母同様にするのが道です。夫を軽く思うことは、現在の悪風です。

また、奢《おご》りは一番悪いことで、家が貧しくなるだけではなく、子どもの育ちも悪くなります。

心学の本を、時々は読んでみなさい。高須のお兄様などに読んでもらいなさい。高須の兄さんは、従兄弟中の一番年上だから、大切にしなければならないお方です。

五月十四日夜　寅二

児玉お方様（奥様）

小田村お方様

久坂お方様　参る

また、松陰は、このとき、3人の妹たちに次の歌を送っています。

「心あれや人の母たる人達よ　かからん事は武士《もののふ》の常」

こうして江戸に送られた松陰は、覚悟していたことが現実になり、萩に帰ってくることはありませんでした。

30歳という早すぎる兄の死を、文がどんな思いで受け止めたのか、それについて文が何かを語ったという記録は残っていません。しかし、自分たち姉妹に宛てた手紙を読んだ彼女は、それなりの覚悟をしたと思います。

そして、国家のために死ぬことを厭《いと》わない兄の姿を誇りに思ったのではないでしょうか。それが、その後の文の生き方を決めていったにちがいありません。

武士道は、日本人のよりどころ

脱藩の罪を恐れず約束を守ることを優先させ、老中・間部詮勝暗殺計画を自ら堂々と白状するなど、吉田松陰がやってのけた「損を承知の行動」の源泉はどこにあるのでしょうか。

それは、やはり、武士道の1つの要素である「名誉を守る」ということでしょう。人間があとに残せるものは名誉しかないという強烈な思いです。これを「名こそ惜しけれ」ともいいます。

篤姫にもいえることですが、これがあればこそ、どんな危機に陥っても、非業の死を遂げることになろうとも、安心感を持って生きていきました。名を残すことができれば何もいらないと考えたのです。

戦後の日本人が、急速に復興できたのも、先の自然災害で略奪などが起きなかったのも、この「武士道」が、現代にまで伝わってきているからではないでしょうか。日本が世界一きれいで、治安のいい国といわれるのも、「名誉」を一番と考える国民性があるからでしょう。天文18年（1549）、フランシスコ・ザビエルが日本に来て驚いたのも、日本人の高い名誉心でした。

たとえば、世界遺産に選ばれた富士山でゴミを捨てた外国人に注意したら、「ゴミを捨てると罰せられるのか」と聞かれて返事に困ったという話を聞きました。こういう発想は、ほとんどの日本人にはありません。

特定の宗教を持たない日本人の、このモラルの高さは、やはり、武士道が根付いているからのような気がします。

たとえば、フィリピンはカトリック、イスラムの国はイスラム教というように、国の形態を維持しているのは宗教なのです。

その宗教も伝統ある儒教も捨ててしまったのが中国です。しかも、中国は、香港が返還されて一国二制度を採り入れてから、共産主義という純粋なイデオロギーも捨ててしまいました。

あとに残ったのは、拝金という20世紀的イデオロギーです。圧倒的な拝金主義が国家を成り立たせることになった結果、賄賂が横行するようになりました。

今の政府はやっきになって摘発していますが、おそらく、排除することはできないでしょう。このように理念を失った国では、貧富の差がますます広がり、国家は今、危機的状況にあるようです。

一方、自由競争こそ国を発展させるとしてきたアメリカはどうでしょうか。それに関しては、フランスの経済学者ピケティの『21世紀の資本』という本が示唆的で注目されています。

アメリカでは、これまで、努力をすれば成功するというアメリカンドリームを標榜《ひょうぼう》し、GDP（国内総生産）を伸ばすことを目指してきました。ピケティは、資本主義による自由競争が、なぜ高度成長に有効に働いたのかについて次のように述べています。

それは、第一次世界大戦や、次に起きた大恐慌により、国も個人も資産をなくし、ゼロから出発したためだそうです。それで、頑張れば報いられる社会になったというのです。

しかし、経済成長を遂げたあと、出現したのは、これ以上はないほどの格差社会でした。格差社会が生まれた結果、今度は、努力が報いられない社会になりました。

個人の働きで伸びるＧＤＰよりも、資産の価値が大きくなったからです。つまり、資産のあるところに富が集中し、格差社会に拍車をかけることになったのです。これをピケティは「世襲資本主義」と呼びました。

つまり、国家体制は正反対なのに、同じような社会が生まれているわけで、その象徴が中国とアメリカなのです。

そんな中で、問い直され始めたのが個人の生き方やモラルです。武士道に根ざす日本人的な生き方が再評価され始めたようです。ですから、日本人とは何かを問うドラマを作る意味は大いにあると私は考えているのです。

第4章

文を愛した第二の志士・久坂玄瑞

文と久坂玄瑞との出会い

文と久坂の出会いはどのようなものであったのか——。残念ながらそれがわかる史料は残っていないので、周辺の事情から推測するしかありません。

ただ、幸い山口県出身の直木賞作家で長州藩の歴史に詳しい古川薫氏が、小説『花冠の志士』（文春文庫）で、久坂玄瑞の生涯を生き生きと描いておられます。文と久坂に関する歴史の空白を、史実を背景にした作家的想像で埋めてくれています。

久坂玄瑞は松陰の弟子として松下村塾に通っていたのですから、想像しやすいシチュエーションにはあります。当時、結婚式の日までお互いの顔も知らないという結婚も珍しくなかった時代ですが、文はまるで寮母や女幹事のように、塾生に慕われながら塾を切り盛りしていたからです。

ですから、兄・松陰が文に久坂との縁談話を持ち掛けるまえに、文は萩城下一の眉目秀麗の青年才子といわれていた久坂のことを意識していたことでしょう。少なくとも、久坂との縁談を文が初めから拒む気持ちがあったとは思えません。

『花冠の志士』では、玄瑞が、松陰に宛てた手紙と土屋蕭海（矢之助）が書いてくれた紹介状を杉家へ持参したとき、家の中から出てきた少女が文であった、という出会いにしてあります。

さもありなんと思わせる自然な出会いでもあり、また、松陰よりも先に文が玄瑞と出会うというインパクトのある場面を作っています。

玄瑞は美男子、声もよく、当時では珍しいほどの長身、現代風にいえば超イケメンというところでしょう。対して文は、美人とか別嬪《べっぴん》であったというようないい伝えはまるでありません。

しかし、杉家の末の妹に生まれ、松陰から特に可愛がられ、愛情いっぱいに伸び伸びと育ち、当時の女性としては希なほど兄から学問の手ほどきを受けた文です。一方、玄瑞はまっすぐな性質で博学ですが、父母や兄とは早くに死に別れ、天涯孤独の身の上です。

2人の共通点と境遇の違いは、ほどよく2人の愛を育んでいけそうな予感を持たせると思います。

しかし、文の縁談話は久坂が初めてではありませんでした。その人は、松陰の弟子というより友人というべき存在である桂小五郎でした。桂小五郎に文を嫁にやらないかと勧めたのは月性《げっしょう》です。

月性は、字《あざな》を知圓、号は清狂といい、周防国《すおう》（現在の山口県柳井市）妙円寺の住職でした。西郷隆盛とともに鹿児島の錦江湾で入水した月照とは別人です。

月性は文化14年（1817）に生まれ、15歳のときに江戸・京坂・北越に遊学し、当時天下の名士といわれた人たちと交流がありました。

吉田松陰、梅田雲浜とも親しく、「人間到る処青山あり」という詩の言葉でも知られるように詩人としての才能も豊かでした。しかし、『仏法御国論』という著書で尊王攘夷論や海防の急務を説き、世に海防僧と呼ばれていました。

結果からいえば、のちに桂小五郎は文との縁談を断っています。まず、桂は150石の中以上の家柄、松陰は57石の小禄のうえに幽居中という差があります。

また、桂は京都滞在中に祇園《ぎおん》の芸妓《げいぎ》幾松との間に深い愛情が生まれた、また桂は酒色を好み女性に対する目がかなり厳しく、現に何度か結婚と離婚を繰り返している、などいろいろの要素を思うと、桂が文を娶ったという可能性は初めから薄くなるようです。

洞察力ある松陰なら、桂へ文を嫁がせる難しさは薄々感じていたことでしょう。

久坂が文を娶ると決まったのち、月性の松陰に宛てた手紙には、「小五郎は壮士に候えども、読書の力と攘夷の志は日下（久坂）生遙に勝るべく候」と、当然のことではありますが、久坂を桂よりも優れた人物であるとたたえています。

長文連《ちょうぶんれん》氏は、著書『奇兵隊』（三一書房）の中で、「久坂は維新のさきがけとなって短命に終わり、桂は常に用心深く維新後も存命というように比べると、月性の評価も当たらずとも遠からじ」と書かれています。私も同感です。

久坂玄瑞が最初、文との縁談を渋った理由とは

玄瑞に松陰の妹・文との縁談が持ち上がったとき、玄瑞は文の器量が気に入らず最初は断ったというのが定説です。それは、松下村塾出身の横山幾太（重五郎《じゅうごろう》）が明治24年に書いた『鷗磻釣餘鈔《おうはんちょうよしょう》』（『吉田松陰全集』第十二巻に収録、岩波書店）が元になっているのでしょう。そこには、

「この人、先生の気持ちを悟って、久坂にその妹を嫁がせようとした。久坂はそのとき、まだ非常に若くて、断るのに、その妹が醜いと言った。そしたら中谷が、厳しく姿勢を正

して、『これは、君に似合わない言葉を聞くものだ、大の男が容色で妻を選ぶものなのか』と言った。そこで久坂は言葉に窮して遂に承諾した」

とあります。

ここに出てくる中谷というのは、のちに玄瑞らとともに、長井雅楽《うた》の公武合体策に反対活動を起こす中谷正亮という松陰の友人のことです。

松陰の死後も松下村塾の指導にあたった熱血漢です。つまり、中谷正亮が松陰先生の胸中を察して、文と玄瑞の仲を取り持とうと、玄瑞に文を娶るように勧めたところ、玄瑞は即座に、原文では「拒むに醜なるを以てせり」、つまり「器量が悪い」という理由で断ったというのです。

武田勘治著の『久坂玄瑞』（道統社）では、「あの妹さんは不別嬪だ」と言って拒んだとあります。いずれにしても、気に入らないのは顔という失礼な話ですから、文に同情したくなってしまいます。

中谷にすれば、松陰が玄瑞のことを「この若者は、わが村塾中一番の才子、私の特に親しい友人」というほど気に入っていること、玄瑞は天涯孤独の身の上であり、おそらく、その身が案じられてならないというところだったのでしょう。

司馬遼太郎の『世に棲む日日』（文春文庫）では、玄瑞を諌めたのは中谷ではなく、塾の先輩である口羽《くちば》覚蔵という人物が、「色をもって妻をきめることをはずかしいと思わないか」と、玄瑞をたしなめたことになっています。

司馬は、「久坂は、齢《よわい》が嫩《わか》いだけに婦人に対する関心が、霧をとおして山河を見るようにばく然としており、それだけに絵にかいたような美人がすきで、もし娶るならばそういう絵のような美女を娶りたいとおもってきた」と玄瑞のフォローを忘れていません。

しかし、松陰に直接縁談を持ちかけられたときの玄瑞の心持ちを、「（あんな小娘を）と、久坂は災害に遭ったような、わが身を不幸におもった」と、どれだけ文がひどい面相なのかと思わせるような行《くだり》があります。

このように、最初玄瑞が文との縁談を渋ったのは、文の器量が気に入らなかったからという話が今日にも伝わっているのです。しかし、文の容貌を伝える晩年の写真を見ても、それほど醜いとは思えません。

男心をそそる美人とはいえないかもしれませんが、品のいい細面をしています。

前に紹介した雑誌『日本及日本人』に並ぶ家族の写真の中に、ただ1人、松陰自身の写真がないのですが、一説に弟・敏三郎が松陰にもっとも似ていたともいわれます。その写真で見る限り、敏三郎と文がまた似ているのです。

ということは、文と松陰もまた似ていることになり、弟子としては師匠に風貌のあまりにも似た女性を妻にするのは、抵抗があったとも考えられます。

あるいは、松陰がもっとも可愛がった妹を、久坂は自分が歩むであろう苦難の道に引き込みたくなかったのかもしれないなどと、私は想像しています。

久坂との短い結婚生活はどんなものだったか

久坂18歳、文15歳という若い新郎新婦の結婚生活は、久坂25歳の死によって終焉《しゅうえん》を迎えます。文と玄瑞の結婚生活はごく短いものでした。

そのうえ約7年間のうちでも、玄瑞は東奔西走の日々を送り萩にいることも少なかったので、穏やかに2人で過ごした日々など本当にごくわずかだったのです。

松陰は、前章でご紹介したように、結婚に際して文のために、後漢の学者・班固の妹・班昭が著した『女誡《じょかい》』七章のうち、専心編を詳しく講じてやっています。

『女誡』にある貞節、専心は嫁ぐ初めの覚悟が大切であるとし、主食を工夫し、父母に心配をかけないよう、家事を間違いなくやっていけと戒めています。文は、どんなときも不安な顔一つ見せず、兄松陰の言葉を守りました。玄瑞のただならぬ出立の準備であっても、黙々と新しい衣類を縫い始める文の姿があったのです。

玄瑞と周布政之助《すふまさのすけ》は無断で任地を離れたという表向きの理由で、文久元年（1861）10月5日に蟄居を命じられました。なぜ任地を離れたのか。それは、伏見で藩主をつかまえ、長州の藩論となっている長井雅楽の航海遠略策を覆すためでした。

伏見ではなかなか現れず、鞆《とも》の港まで行き、そこで出会った周布と雅楽とが激論になり、雅楽を怒らせたというのが蟄居の核心です。

文と玄瑞が2人で過ごしたのは、皮肉にもその蟄居のときが最後となりました。

7年間に交わされた手紙20通をすべて紹介

やがて、玄瑞と周布政之助が蟄居を解かれた理由は意外な藩命でした。周布は江戸藩邸へ復帰、玄瑞は兵庫警衛の浦靱負《うらゆきえ》（元襄《もとまさ》）の一行に組み入れられ、外国人が上陸しないよう監視する任務に就くことになります。

その後、蛤御門《はまぐりごもん》（禁門）の変で短い命を落とすまでに、玄瑞が文に宛てて送った手紙は21通あります。文は玄瑞にその数倍の返書を送ったといわれていますが、残念ながら文の手紙は1通も現存していません。

前述したように、再婚同士で文と結婚した楫取素彦が、この久坂の手紙をすべてまとめて表装し、『涙袖帖』と名付けました。現在でも楫取家に伝わるそうです。

この題名は、後述する久坂の6番目の手紙に出てくる赤穂義士・小野寺十内が妻に送った手紙や和歌を集めた『涙襟集《るいきんしゅう》』に因《ちな》むものといわれています。

幸いこの手紙のほとんどを収録して昭和19年（１９４４）に出版された伊賀上茂著の『涙袖帖　久坂玄瑞とその妻』の復刻版が２０１４年、マツノ書店から出版されています。

この復刻版の手紙原文と解説を元にして、玄瑞の手紙を年代順に現代語訳します。

これらの手紙からは、玄瑞の文への愛情、杉家の人たちへの心遣い、亡き玄瑞の両親や兄への供養の思いなど、多忙を極めた志士は片時も忘れていなかったことがわかります。

苦難の中、まっすぐに師の教えに従い進んでいく玄瑞の生き様を生々しく感じ取っていただけたらと思います。

安政5年（1858）、玄瑞は19歳、文は16歳の若さでした。玄瑞は江戸・京都間を奔走し、梁川星巌《やながわせいがん》、梅田雲浜、頼三樹三郎《らいみきさぶろう》などと往来し、公家《くげ》の大原重徳卿《しげとみきょう》に尊王攘夷の意見を上申したりしているころでした。

その雰囲気を知っていただくため、最初の手紙だけ、原文も収録します。

一、安政5年（1858）冬

【原文】

一ふで参らせ候。寒さつよう候へども、いよ〳〵おん障なふう（?）おん暮めでたくぞんじ参らせ候。まいまい文まゐる。此より何かいそがしく打絶申候。みな〳〵さま御無事御くらし遊ばし、めで度御事に御座候。どうぞ〳〵、月に一度は六ヶ敷候へば、三月に一度は保福寺墓参りおん頼参らせ候。中も疎《おろか》御用心専《もつぱら》に候。皆々様え宜《よろしく》おんつたへ頼参らせ候。何も後便に申候。可しく。尚々きもの此のうち飯田の使まゐる。慥《たしか》に受取申候。

お文どの

玄瑞

【口語訳】（ ）内は著者注

一筆お手紙差し上げます。寒さが強いですが、ます〳〵差し支えなくお暮らしのことと存じます。いつも〳〵お手紙がまいります（ありがとうございます）。こちらからは何かれ忙しくてお手紙を差し上げるのが切れてしまいました。

皆々様も御無事にお暮らしなさり、めでたいことでございます。どうかどうか月に一度が難しければ、三か月に一度は保福寺への墓参りをお頼みいたします。言うまでもございませんが、ご用心なさることが大切です。

皆様へよろしくお伝えくださることをお頼みいたします。いずれも次のお便りで申し上げます。かしく。なお、着物は先ごろ飯田の使が持ってまいりました。たしかに受け取りました。

（久坂）玄瑞（在江戸、十九歳）

お文どの（在萩十六歳）

これは、安政5年（1858）の冬に、玄瑞が旅先から文に出した最初の手紙です。文が仕立て直した着物を送ってくれたことへの礼状です。

以下の手紙は、原文を省略させていただきます。

二、万延元年（1860）8月20日

一筆お手紙差し上げます。だんだん寒さに向かいますが、まずは杉家をはじめ、そのほかの皆様も無事とのことで、およろこび申し上げます。

さて宇野おば様のこと（亡くなったか）びっくりいたしました。さぞ〳〵お母様（杉瀧子）にもひととおりでなくお力を落とされたと存じます。いつも〳〵保福寺にも御参詣してくださり安心いたしました。

過去帳については、生雲《いくも》（玄瑞の母の実家）へ言ってよこし、（亡くなった宇野おば様を）御迎えなさるのがよろしいです。いずれも次のお便りで申し上げます。寒さからお身体《からだ》を大事になさることは申すまでもありません。

玄瑞（在江戸）

八月二十日
お文どの
(追伸)なお吉田松陰先生の墓へも時々お参りしていますので、ご安心ください。
前にも少し触れましたが、玄瑞は14歳のときに母を亡くし、翌年、15歳のときに兄・玄《げん》機《き》が亡くなり、1週間もしないうちに父を失いました。
まだ少年だった玄瑞が立て続けに肉親を失った悲しみは、非常に深かったことと思います。

三、万延元年(1860)9月24日

次第に寒くなりますが、杉家の皆々様差し障りなくお暮らしのようで喜んでいます。先ごろ(私の母の実家の)生雲へお父上様(杉百合之助)と一緒にお訪ねくださったとのこと、生雲では喜んだことと存じます。

母上様(瀧子)、姉様(児玉千代、小田村寿子)などこぞって生雲を訪ねられたら少しは母上様の気も晴れることと思います。品川弥二郎の便で、着物が届き、受け取

りました。

着物は当分（さしあたり）間に合っております。今あるものを古い宝物のようになるまで着ますので、とくに着物は必要ございません。いずれも次の便りで申し上げます。かしく。

なお杉家の皆様へもよろしくお伝えください。寒さからお身体を大事になさることは申すまでもありません。

九月二十四日　　玄瑞（在江戸）

お文どのご無事で

杉家全員が玄瑞のことを想い、玄瑞も家族同様に杉家の人々を想いやり、非常に細かな心遣いが表れています。

家計の遣り繰《や》りが大変なことを知っている玄瑞は、たびたび着物を工面してくれる文に対して心苦しく、着物は宝物のようになるまで着ますから当分は必要ないのでいいですよと記すなど、玄瑞と文の優しさが伝わってきます。

四、万延元年（1860）11月25日

皆々様、お差し支えなくお暮らしのことと存じます。さて、先師（吉田松陰先生）の御書物など利助（伊藤博文）が見つけました。杉蔵（入江九一）が帰国のとき送り届けます。蒲団はさしあたり借りています。

弥二郎（品川弥二郎）の便に送ってくれた袷《あわせ》の着物一枚を、垢《あか》の染みた着物に替えて早速着ました。杉蔵が紋付を一枚持ってきてくれたとのことです。今年は（お陰様で）皮癬《ひぜん》（伝染性皮膚病）一つもできず、御安心ください。どなた様へもよろしくお伝えください。かしく。

玄瑞（在江戸）

お文どの

五、文久元年（1861）2月26日

初春になりましたのに寒さが強いですが杉家の皆様、その他御親類にもお変わりなく、お暮らしのこと、何よりめでたく思います。別紙は、水戸の御隠居様（水戸斉昭）がご存命中の手まり歌です。薩摩藩邸で写してきました。皆様にお見せください。

中井生雲（母富子は生雲村大庄屋大谷半兵衛の娘で、中井家の養女）へもついでがあれば写して送ってください。かしく。

二月二十六日　　　　　　　　　　　　　　　　玄瑞（在江戸）

おふみどの

長井雅楽と周布政之助の激論の一件で帰国を命ぜられた玄瑞が萩に帰ったのは、文久元年（1861）の10月12日でした。和宮親子内親王《かずのみやちかこないしんのう》殿下が将軍家茂に御降嫁になったのは同年10月20日のことです。

玄瑞は高杉晋作などと謀って、和宮親王の駕籠《かご》を途中で擁する計画を立てましたが実現しませんでした。

文久元年10月に萩に帰来した玄瑞が再び上洛《じょうらく》するのは、文久2年（1862）3月23日ですが、この半年足らずの間にも、玄瑞はたびたび馬関《ばかん》（今の下関）と往来しており、文と一緒に生活する日は数えるほどもなかったといいます。

ます〳〵御無事と存じます。私たちも差し支えなく暮らしていますので、御安心ください。お金のこと、先日から梅兄（杉梅太郎）にご面倒を申し上げて恐縮していますが、これも仕方のないことと思っています。

お金くらいのことで上様（毛利のお殿様）の名誉と武士の面目を汚すことになっては申し訳なく、また人に救いを頼まれても助けないというわけにはいかないこともあるので、お金も人なみよりはたくさん必要です。このことは兄様へもよろしく理解してもらってください。

さて、薩摩の日下《くさか》部《べ》（伊《い》三次《そうじ》）の妻子には感心いたしました。杉蔵も知っています。先ごろ小野寺十内（赤穂義士）から妻に贈られた涙襟集（小野寺十内が妻に与えた手紙を後年集めて一冊としたもの）を、杉蔵気付けで日下部へ送りました。

その中には和歌などもありました。大変悲しいことです。武家の婦人はやはり、俗謡などを歌うのは非常に見苦しいことなので、ひまがあれば少しでも和歌を詠んでいただきたいものです。ずいぶん気晴らしにもなると存じます。杉母様、姉様などへよろしくお伝えください。かしく。

四月三日
お文どのへ
保福寺へはおい〳〵御詣《おまい》りのことと存じます。

玄瑞（在京都）

日下部伊三次（治）は、薩摩藩士であった父・海江田訥斎《とつさい》（連《むらじ》）が讒言《ざんげん》によって江戸の薩摩藩邸を追われ、名を変えて水戸に隠れていたときに生まれました。

水戸斉昭の仲裁によって島津斉彬に会い、薩摩藩に復帰し、水戸と薩摩につながりを持つことからその架け橋として奔走し攘夷運動に没頭します。しかし、やがて安政の大獄により捕縛され、過酷な拷問により凄惨な死を獄中で遂げました。

日下部伊三次は西郷隆盛、有馬新七《しんしち》とともに「薩摩における維新の三傑」といわれています。

伊三次の長子・祐之進も父と同様の水戸密勅の事件によって捕らえられ、獄中で悶死《もんし》します。その年老いた伊三次の妻・静子を玄瑞が訪ねると、玄瑞の母の年頃であり、また静子からすれば玄瑞は獄死した祐之進の年格好です。

しかも、静子は亡き夫と息子の遺志を守り、勤皇の手助けをしていて、慕わしくもありながら感服せざるを得ない人物でした。そのことについては、帰国した杉蔵に文は聞いたことでしょう。

また、玄瑞は文に対し、武士の妻として流行《はや》りの歌などを口にするのではなく、知性ある和歌などを詠むほうがいいと勧めています。

つまり、玄瑞は折に触れ、玄瑞の出会ったことのある、また聞いたことのある感心な女性の話を例にとり、文に精神的な向上を求めたのでした。

七、文久2年（1862）4月

三月二十八日と四月四日の手紙はたしかに受け取りました。私たちもこの頃は京都藩邸の後ろに住み、佐世・楢崎兄弟・寺島・中谷・真五郎など同居しています。杉蔵（入江九一）・和作（野村靖）・弥二（品川弥二郎）などが追々訪ねてきます。面白く楽しいのはこのときでございます。しかし三月（四月?）十三日松洞が切腹したことは非常に残念です。松洞の家へ手紙を出したいのですが、何とも言いようがなくて手紙を出せないでいます。

梅兄にすぐにお金を借りることができ大きなしあわせです。

玉木文之進おじ様が藩の役職につかれて、お慶び申し上げます。

さて、毛利の若殿様（定広《さだひろ》）がご上京になりますことは非常にありがたいことです。そして本当にありがたいご意向などをお示しになられたそうで、これまではいろいろと苦心いたしましたけれども、御意を表明されたことで、私は生き返ったような心地がいたします。このことはずいぶんとご安心してください。

私の父母の菩提《ぼだい》寺の保福寺へは、絶えずお参りしてくださっているということで安心しております。大谷・中井へも安心なさるように申し置くのがいいと存じます。いずれもこの手紙では、用事だけをだいたい申し入れます。他のことは次の便りで申し上げます。

四（五）月朔日　　玄瑞（在京都）

尚々ご用心してください。杉家の皆さん方へもよろしく申し上げられますよう、お頼みします。以上。

お文どの

この頃の玄瑞の懊悩煩悶《おうのうはんもん》はひとえに長井雅楽の航海遠略策が藩論となって跳梁跋扈《ちょうりょうばっこ》して

いることでした。

京都で画法を学んだ松浦松洞（通称・亀太郎）は、安政の大獄で江戸へ送られる吉田松陰の肖像画を描き残しました。

20歳で松下村塾に入り、尊攘派志士となります。長井雅楽の公武合体論に反対し、暗殺を企てますが失敗し、京都粟田山で割腹自殺を遂げます。26歳でした。

八、文久2年（1862）5月28日

四月二十三日と五月五日の手紙は先ごろ届き、あなたのご気分もよくなったようで、喜んでいます。拙者もこの頃、流行のはしかを患って大変難儀をしておりましたが、この頃は心地よくなりましたので、ご安心ください。

梅兄もやはり同じような難儀をなさっているとのことでございますが、これも快方に向かったということなので、大安心しています。

さて、夏物の着物をお送りくだされ、大きな幸せでございます。御国許を旅立ったときは、なかなか夏物は必要と考えなかったのですが、このところの様子では、いつまで滞陣しなければならないか予想ができず、長期間の在陣になるかもしれません。

詳しくは杉蔵（入江九一）から聞いてください。

亀太郎（松浦松洞）のことは、さてもさても気の毒千万で、老いた母の悲しみが思いやられます。

こちらでも墓は立派に建てましたが、拙者もこの節はいろいろ心配事ばかりで、十のものが九までは思うようにならず、ちっとも藩へのご奉公の効果がなくて、恥ずかしい次第です。吉田松陰先生さえいらっしゃればと残念に思うばかりです。

中井大谷（玄瑞の母の実家）も私が行かないことをどのようにお思いでいらっしゃるかと思いますけれども、自分の思いどおりにならぬことでございますので、ついでのときがあれば、よろしくお伝えしてください。

さてこのたびのことに関しましては、婦人にもなかなか感心なものがたくさんおります。久留米の真木和泉という神主の娘はこのたびのことについて、上方へ上ったときに詠んだ歌は素晴らしいです。

梓弓《あずさゆみ》はるは来にけり武士の花咲く世とはなりにけるかな

（弓を張るのと、これから新しい春がやってくるというのにかけて、もののふの花咲く時代がやってくる、と長州が天皇を奉って大攘夷を実行すると

いうことを喜ぶ歌を詠んでいます）

和泉守《いずみのかみ》というのは、私も非常に心やすい男であります。この弟は大鳥居理兵衛といって、先日、筑前の黒崎というところで切腹されたほどの人でございます。

また、梅田源次郎の姪のお富という女の詠める歌もお送りします。これはお富の直筆です。杉蔵の妹もじつに感心な人です。杉蔵の妹が杉蔵へ送った書状もお読みください。

私は今日も忙しいので、おおよそのところを申し送ります。

五月二十八日　　　　　　　　　　　　　　　　　　玄瑞

なお、杉家の皆々様へよろしくお伝えください。玉木文之進、佐々木、児玉、小田村へも同じように、言うまでもないことですがご用心なさってください。かしく。

阿文《お》どのへ

真木和泉は玄瑞と最後まで行動をともにした同志でした。いよいよ攘夷が実行されるときが来て、真木和泉の娘の歌には、父・真木和泉がいかに攘夷を待ち望んでいたかが読みとれます。

梅田雲浜（源次郎）はこのときすでに亡くなっていますが、雲浜の姪である富子は玄瑞と文通し、雲浜の遺志を継いで尽力する女傑でした。

いよいよ雲浜の遺志を実現できる世の中へと変化しつつあることを喜び、玄瑞、入江杉蔵、前原一誠などが、富子を料亭に招待し、その席上で富子は歌を詠んだのです。玄瑞が文への手紙に封入した直筆の歌というのはこの歌のことです。

在りし世のことこそ思へ懐しな　花橘《はなたちばな》の咲くにつけても
思ふかな枯れにし庭の梅の花　咲き返りぬる春の空にも

富子はその後も長州藩の志士たちと公家の大原重徳卿との間の書状の往復の使者の役目を請け負っていました。

また、玄瑞や杉蔵たちのために夜明かしで鎖襦袢《くさりじゆばん》（鎖帷子《かたびら》）を縫ってくれるなど、玄瑞にとって富子は尊敬に値する女性であったことは当然のことでしょう。

入江杉蔵の妹・すみ子の手紙も、玄瑞は杉蔵から見せてもらっていました。兄2人が尊攘運動の中、父もおらず、幼い頃から貧苦と闘いながら年老いた母を助けて家事をするすみ子に玄瑞は感銘を受けていました。

文と同郷のすみ子もこのように励んでいるという、玄瑞の松陰にも似た心遣いが溢れています。

松陰も女性だから教養は必要ないというような人ではありませんでした。玄瑞はその師の教えを受け継いだというより、玄瑞自身ももともと人として、武士の妻として修養が心の糧となることを文に一生懸命に伝えようとしたのです。その玄瑞の文に対する愛情が形になって表れた手紙といえます。

九、文久2年（1862）6月25日

暑さが強いですが、まずまずご無事でお暮らしになられ、安心いたしました。私はこの頃変わることなくしのいでおりますので、ご安心ください。

杉家の皆様、いかがでございますか。この節は、はしかが大流行して、そちら様でもやはり同じように流行っているのではありませんでしょうか。

さて、殿様がご上京なさいますことに関しては、大変な心配をしています。私の藩への奉公の効果が少しもたたずに恥ずかしい次第です。このときこそはと思いますけ

れども、何もならずに悔しいことでございます。

言うまでもございませんが、御先祖様への供養というのが大事に思います。杉家の皆様へよろしくお伝えください。

久保はこのたび江戸から帰ることもそのまま延期になりました。あちらでもはしかが流行しているように聞きました。なにとぞ早々に回復なされるようにと祈っております。

梅太郎兄も先日は御病気でいらっしゃると承りましたが、今は大いに気分がよくなられたということで、安心しました。いずれも忙しい中ですが、だいたいを申し上げます。

六月二十五日　玄瑞

ご用心が大切に思います。御親類方へもよろしくお伝えください。

阿文どのへ

玄瑞が京都木屋町《きやまち》の旅宿から差し出した手紙です。公武合体策を打破して、尊王攘夷に藩論を展開させ藩主のお出ましを実現させるべく、切歯扼腕《せっしやくわん》し一番激しく活動している頃です。
今こそ長州藩が尊攘の藩議を一致させなければならないと、藩主の上洛に期待をかけている玄瑞の気持ちがよく表れています。

十、文久2年（1862）8月13日

六月十八日、同じく二十三日、七月四日、三通のお手紙を追々に拝見しまして、まずまず無事に暮らしてらっしゃるようで、喜んでいます。拙者もこの頃は、謹慎して引きこもっておりますけれども、自分の気分は少しも変わることはありませんので、ご安心ください。

この頃、九一（入江杉蔵）、帰藩しましたので、私の様子は聞いていらっしゃると存じます。この節は、栄太郎（吉田稔麿）も自分と一緒になって、日夜話などをしておりますので、栄太郎のお母さんも安心するように、伝えてくださるよう存じます。

ただただ松洞のお母さんは日夜さぞさぞ悲しく思ってらっしゃると考えれば、じつに気の毒なことに思います。松洞の命日には、香典を遣わせてください。

先日は歌三首を送ってくださり、何よりうれしいことでした。この後も、なにとぞ

作った歌を送ってください。拙者も返歌など送りたいと思いますけれども、この節は非常に用事が多いので、今度の三首に関しては、次に返歌を送ります。

昨日から、中谷正亮、佐世、有吉、弥二なども江戸へ下りました。若殿様は去る（八月）三日にご出発されたことでございます。なにとぞ長州藩の斡旋《あっせん》がほどよく整ってくれと日夜祈っております。

末筆ながら、杉家の皆様によろしくお伝えください。言うまでもなくご用心くださ い。めでたくかしく。

八月十三日

梅兄も此間より、ご上京なされ、喜んでおります。小田村も上京しました。さぞさぞ、御親類にも拙者が手紙を出さないので、だらしないこととお腹立ちかもしれません。恐縮しています。なにとぞよろしくお伝えください。

玄瑞

お文どのへ

生雲中井も無事にしていると思います。拙者も思うようにならず残念です。今度は忙しいのでだいたい申し上げます。

別紙は早くお父様（杉百合之助）へ見せてください。

玄瑞の勧めによって和歌を3首作って送ってきた文に対し、玄瑞は非常に喜び、すぐに返歌をしたいが忙しくてできないので今度送りますとしています。離れていても和歌によって2人の愛が育まれていることが微笑《ほほえ》ましいところです。文の和歌がどのようなものであったか知る由もないことがとても残念です。

この頃、玄瑞らは長井雅楽要撃を試みようと、長井雅楽が江戸から上洛途中の伏見を目指します。しかし、その情報を得た雅楽は単身萩へ帰国し、巧みに玄瑞たちをかわしました。滋賀の草津の宿に着いた駕籠には雅楽の姿はなかったのです。いずれ雅楽が訴えればわかることと悟った玄瑞は、京都藩邸へ寺島忠三郎らとともに連名で待罪書を差し出しました。

囚われの身となった玄瑞は、この間に『廻瀾條議《かいらんじょうぎ》』『解腕痴言《かいわんちげん》』の膨大な論策を2冊草し、江戸に向かう桂小五郎によって藩公父子に上書されました。

玄瑞のこの時勢論は、幕末において尊王攘夷派の志士たちに愛読され、やがて藩論となったのです。

藩論は尊王攘夷に大転換し、航海遠略策を提唱した長井雅楽は切腹を命じられることになります。伏見での要撃策は失敗に終わりましたが、待罪書や訴状、玄瑞の時勢論などが結果的に藩論を変える大きな役割を果たしたことになります。

十一、文久2年（1862）8月28日

段々涼しくなります。いかがお暮らしかと心配しています。私は差し障りなく暮らしていますので、心配なさらないでください。もはや六十日ばかりになりましたが、今もってなんたる私への指示もなく、法雲寺と申すところに謹慎中です。

誠に涼しくなりましたので、冬物の着物を少しお送りください。絹の着物があればなおさら幸せです。ですが、きっとまあないことと考えております。

拙者もいずれ、ここに滞留して追放（帰国）にはならないと思っております。追々、殿様は利発な方でいらっしゃるので、私の志も届こうとしているところですから、心配なさらないでください。

杉家の皆様によろしくお伝えください。用心が大事です。

八月二十八日　　玄瑞

お文どのへ

なお、高杉晋作殿が先ごろ上京され、非常に非常に喜んでおります。亡くなった松洞のほうへはときどき香典を送ってください。

松洞のことは思えば思えば残念で、堪えられないほどに思います。生雲の大谷のほうへ行きましたか。先日法事の知らせがきただけで、どんな様子かも言ってこないので心配です。

冬物の絹の着物はなくなったと思います。なければないでご心配されないでください。いずれも次の便で申し上げます。

幽閉中の玄瑞の気持ちを妻に宛てた手紙です。この頃、杉梅太郎や小田村伊之助（楫取素彦）などが上洛中で、慰問に来てくれるのが玄瑞の何よりの楽しみでした。

謹慎中の玄瑞は藩論が攘夷に逆転したことで高杉や桂小五郎など同志を激励しましたが、いつ謹慎が解かれるともわからないまま、憤懣《ふんまん》やるかたないときが過ぎました。

十二、文久2年（1862）閏8月17日

八月十九日のお手紙が届き、まずまず差し支えなく、暮らされているようで安心しました。私もいまだに謹慎中で何のご指示もありません。栄太郎は赦免されて安心しました。

さてさて先頃、来原《くりはら》良蔵殿が切腹されたそうで、武士の常とは申しながら、留守の家族にはどんなにか残念にお思いと存じます。

先日は、お父様（杉百合之助）が（私の母の実家の）生雲へご訪問された由、日帰りではさぞさぞお疲れになったことと存じます。もはや、涼しい季節となりましたので、おかか様（瀧子）、姉様一同、生雲へ気晴らしにお供なさるのがよいと思います。

私も謹慎中ですが、何分日夜心配ごとばかりで、生雲へも手紙は出しておりません。この間、利助（伊藤博文）が帰国しましたので、何もかも聞いてご承知と存じます。だいたい申し上げます。

閏《うるう》八月十七日　　　　玄瑞

《なお、ご用心が大切に思います。杉家の皆様へ、お伝えよろしく頼みます。先日、冬物の着物を送ってくださいと言いましたが、依頼は届いたと思います》

お文どのへ

《なお、梅兄にも差し支えなく、暮らされていらっしゃいますので、安心してくださ
い》

十三、文久2年（1862）10月9日

八月二十九日と、閏八月十三日、九月二日のお手紙追々届きました。日に日に寒くなっていますが、杉家の皆様をはじめ、差し障りなく、お暮らしなされているようで誠に誠に誠に安心いたしました。

私も近頃は大いに無事に暮らしていますので、ご安心ください。梅兄並びに久保が帰ったので、京都の様子は聞かれたと推察いたします。

去る四日は、殿様が朝廷へご参内なされ、御首尾よく事が済み、誠にめでたいことで、私たちまでにも、お酒が振る舞われ、有り難いとも、恐れ多いことでございます。

このたび、御勅使が江戸へ御下向、異人の打払いのご指示を命じられることで、来る十二日、その勅使がご出発なされることは、非常に非常にこの春以来、藩主お殿様方が御苦労されたことの効果が表れたことで、本当にうれしさのあまり、涙が落ちるばかりでございます。

吉田松陰先生、中谷正亮、松浦松洞など、生きていらっしゃれば、さぞさぞ躍り上がって喜ばれたことと思うにつけても、亡くなられているのが残念に存じます。

先日以来、追々冬物などを御送りいただきみんな届いて大いに幸せでございます。私も状況次第、中旬頃には、寺島など一緒にひとまず江戸へ下る考えでございますが、まだ江戸へ下るという願書は出していません。

近頃は歌を送ってこないから、作ってらっしゃらないんですか？　随分時間があれば、歌など作られるのがいいでしょう。

この春、安藤信正を坂下門外で襲撃して召し捕らえられた、児島強助《きょうすけ》（介）という人の家内が和歌をよく詠むというのは、私どももそうありたいことです。この児島強助の妻は、町人の出身なのに、じつに私たちとしては（どちらも武家なのに）恥ずかしいばかりです。

忙しいけれども、だいたい写して送りますので、親類などへもご覧に入れてください。（この歌は誠に涙が流れるほどの哀れを感じるもので、いかにもいかにも感心な婦人だと思います。

歌は心をそのまま表すものなので、どんなによくできているようでも、心からそう思わないのでは、なんの役にもならぬものです。心がたしかにあれば、歌も読む人を泣かすほどの力を持つものです。この前の手紙に出した涙襟集などがそれにあたります）

いずれもいずれも先日、梅兄から聞いていらっしゃると思い、だいたい申し上げます。返すがえすもご用心してください。

尚、中谷正亮のこと、誠に残念千万なことですので、先日つまらぬことを詠んだままになっていましたので、お目にかけます。

いまさらにあふよしをなみ逢坂の山のはの月影ぞさぶしも
あき深しみやまの峰の楓葉《かえで》のすぎていゆきしこの君あはれ
まつろはぬ夷《えみし》こと〴〵まつろへむときにしあれど雲かくれにき
月清くあきかぜさむし草まくらたびねもさめつあきかぜさむし

誠に歌にもならぬつまらないものですが、とりあえず、申しすすめます。忙しいので、だいたい申し上げますので、ご推察ください。

お文どのへ
児島の歌集写してお送りしますので、意味がわからないところは、梅兄にでも聞いてください。繰り返し読んでくださるよう、頼みますよ。（そうすれば、わかってくるでしょう）
十月九日
玄瑞
お文どのへ
《杉皆様、玉木、佐々木、小田村、児玉、などへもよろしく伝えるよう頼みます》

玄瑞の謹慎が解かれたのは、9月15日のことでした。自由の身となった玄瑞は、まず諸藩の志士と連絡をとり、幕府に対して攘夷決行の提案をする勅使を送ることで志士たちと満場一致で可決しました。

このことが実現したのは、翌、10月26日でした。勅旨は三条実美《さねとみ》卿、姉小路《あねこうじ》公知《きんとも》卿が選ばれて江戸へ下向しました。

このとき、玄瑞は勅使の警護役を任じられ、井上聞多（馨）などとともに副使姉小路卿に随行しました。

手紙にある安藤云々というのは、坂下門外で安藤対馬守を要撃した事件のことです。

江戸に下った玄瑞は、高杉晋作や井上聞多などと横浜の外国公使刺殺を企てましたが、長州藩世子・毛利定広の懇諭によって取りやめました。しかし、文久2年（1862）12月、血盟11人の同志は脱藩して、品川御殿山に建設中の英国公使館焼打ちを実行したのでした。

御殿山焼打ち事件後、同志たちはその場を散り散りに立ち去りました。玄瑞は、まず水戸の志士を訪ね、次に信州へ出向き佐久間象山に会い、信濃路を越えて京都へ出ました。京都へ急いだのは、フランスの軍艦が摂津の海に入ったという情報が入ったからでした。

ところが、京都では、藩論が混乱し収拾がつかなくなっており、藩公世子長門守毛利定広はいったん萩へ帰国しようとしていました。

藩公がいなくなれば、ますます朝議は揺らいでくるにちがいないと察し、江戸から桂小五郎、高杉晋作を呼び寄せ一致団結して、藩公が京都に留まるよう帰国を阻止したのでした。

玄瑞は、忙しい中、自分たちの活動をつぶさに説明する暇はないものの、妻・文に対して大義を説いて聞かせる手紙を怠ることはありませんでした。

そして、妻に大和心の結集した和歌を学ばせることで玄瑞自身が心から大切にしているものを分かち合いたいと思ったのかもしれません。五・七・五・七・七のたった三十一文字交わすだけで、いつ危険が及ぶかもしれない殺伐とした日々の中にもお互いの愛を瞬時に深く確かめ合うことを望んでいたのではないでしょうか。

十四、文久3年（1863）2月15日

この頃は非常に忙しくて、日夜外出などしておりますので、安心してくださるよう、お頼みします。この頃のあなたが出している手紙で、あなたの無事を聞いて、安心しています。この頃は将軍が御上京して京都がこれだけ賑わうのは、昔からして稀なことでございます。

禁裏様（孝明天皇）の御心のようにならなくては叶いません。若殿様をはじめ、苦心なされました。日本の盛んなるも衰えるも今が分かれ道ですので、なかなか大事なことと、朝夕、苦心しているのはこのことでございます。

去年のこの頃までは、松洞も中谷も一緒に志を達しようと、非常に楽しみにして活動していたんですが、今では二人とも亡き人となって残念です。

九一もこの頃上京してまずまず私も力を得た気持ちがします。いずれも寺島より聞かれるように頼みます。

二月十五日

嵐山にはこの節桜が満開で、花見が異様に賑わっている。

大ぎみの御幸しもがなあらし山やま桜花いまさかりなり

玄瑞

お文どのへ　どうかご無事で（机下）

《今朝より寺島が出発で忙しいので、梅兄には書状出しませんでした。あなたからよろしく伝言してください》

十五、文久3年（1863）4月25日

先頃以来、たびたびの手紙、たしかに受け取りました。いちいちお返事もいたさず、さぞ心配だろうと推察しています。ちょっと申し上げますのは、さて、私たち同志三

十六人、下関へ出張で参ります。昨夜、富海《とのみ》（現在の周防）に着きました。
このたびは、萩へ帰ることもできず、いかにも情けないことと思われると思いますが、お国の大事には引き換えられませんので、本当に多人数で心強いことで、自分としては面白く勇ましいことです。いずれも次の便に申し残しておきます。
四月二十五日
杉皆様へ、よろしくおっしゃってください。中井玉木にも同じくよろしく言ってくれるようにたのみます。

しら雲のたなびくくまはあしがきのふりぬるさとのやどのあたりぞ
ふるさとの花さへ見ずに豊浦の新防人《にひさきもり》とわれは来にけり
真木《まき》の立つあら山中のやまがつも利鎌《とかまた》手握《にぎ》り夷《えびす》きだめな
あら磯によせ来る狼の岩にふれ千々にくだくるわがおもひかな
夕なぎにいたくなきそはま千鳥なが声きけば都しおもほゆ

お笑いかと推察いたします。

4月中旬、5月10日を攘夷実行の日とする勅命が発せられました。いよいよ行動を起こすまえに、これから下関へ行きますが萩へは寄れないと言い訳の手紙を出しています。作った5首の歌からは、故郷（萩）の花さえ見ずに、自分は豊浦（下関付近）の防人《さきもり》となって、異人に立ち向かい国を守るという強い意志と勇ましさが感じられます。また、その意志は歌にある強い荒波のようです。でも夕凪《ゆうなぎ》のような静かな海で浜千鳥が鳴くと、都を思い出してしまうようです。

忙しい中、即興で作った歌を妻へ送り、文はこの歌を読んで笑うかもしれませんねと、少し照れている様子が窺えます。

玄瑞は赤間関（現在の下関市）の光明寺に本営を置き、光明寺党を結成しました。警備兵を訓練し、指揮統率したのです。やがてその警備が奇兵隊の起源となります。

ついに5月10日、軍艦庚申丸《こうしんまる》より下関海峡を通過する米艦を砲撃しましたが、実際に砲撃したのは軍艦ではなく商船ペンブローク号でした。

長州藩は自由に航海することを禁止し、その後もフランスの通報艦キャンシャン号、オランダのメデューサ号を砲撃しました。5月28日には、その戦況報告のために玄瑞は上洛したのでした。その頃のことについて触れたのが次の手紙です。

十六、文久3年(1863)6月13日

暑さのときで、さぞさぞお困りと推察いたします。私も先月二十八日に急ぎの御用があり、にわかに京都へ上って行きました。十日滞留し、帰途五日で十五日目には帰って来るという忙しいことでございました。

また京都にひとかたならぬ出来事が起こったので、上京しなければなりません。益田弾正殿がお待ちし、ひとまず下関へ出て、すぐに上方へ上るというような命令でした。外国だけではなく、日本でも憎き汚い敵がいて、内外ともに大変心配です。天子様のお考え、殿様御父子様の御志をどこまでも貫徹しなければならないことと数にも入らぬ私までも苦心いたしています。推察してください。

今度はちょっと母の菩提寺の保福寺のお墓参りもしたいと思いますけれども、どうにも、右のとおりの事情ですので、心のままにはなりません。生雲へも私が無事であれこれ骨折りしていることを聞かせてくださるよう頼みます。

手紙を書く暇もございません。吉田小太郎殿、おとよ殿（小太郎の姉）、追々大きくなられたことと推察いたします。杉家の皆様によろしくお伝えください。

上方のことはいかにも気にかかります。しかし、下関も大事で、高杉も下関に出張した由、安心しています。いずれ下関にてゆる〳〵話し合うつもりです。

忙しいことですので、まずはだいたい申し上げます。

六月十三日　玄瑞
暑さの折、御身大切は言うまでもないことですが、大切なことと思います。


ペンブローク号やキャンシャン号への攻撃を知ったアメリカやフランスは、6月1日に米艦ワイオミング号、6月5日には仏艦セミラミス号とタンクレード号によって攻撃してきました。長州藩は報復を受け、敗北を喫してしまいました。欧米の軍事力を痛いほど思い知らされたのです。無念極まりないことだったでしょう。

しかし、玄瑞も高杉もあきらめませんでした。翌日の6日には高杉は君命により下関に到着、玄瑞は7日に京都を出発して下関に到着します。玄瑞と高杉は談合ののち、光明寺党を廃し、奇兵隊を組織することに決めました。

玄瑞に代わって高杉が奇兵隊の総督になることにより、玄瑞も身軽になり、藩公のもとへ京都の情勢の報告に上がりました。祖先の墓参りを気にしていた玄瑞でしたが、その間もなく山口の旅宿で文に手紙をしたためたのでした。

十七、文久3年（1863）8月29日

そののちはいかがかと朝夕絶えず心配していますが、私は障りなく暮らしていますので、安心してください。

さて、先頃から藩に帰国しており、殿様の前で内命を受けて上京し、これやかれやと尽力していたところ、去る十八日のこと、いかにも悔しき悪者どもの会津と薩摩の数千人。禁裏様を取り巻き、そのうえ、護衛していた御門をも、ほかの人にお預けになり、この節にては、けしからぬ憎き卑しきことでいかにも残念です。

それゆえ、このうち支藩清末《きよすえ》藩の毛利元純様、岩国藩の吉川監物様、帰国のときも兵庫まで御供いたしましたが、それより家老の益田殿をはじめ、申し合わせ、またまた再び京都へ上り、藩邸御屋敷のうちに隠れ待機しています。

この頃は、厳しい取り調べなどがありますので、油断はならず、屋敷の外へは一歩

も出ておりません。誠に残念とも悔しいとも申すに余りあることです。
そのようなことで、孝明天皇様のお考えも、殿様のお志も、ちっとも貫徹できず、誠に楠木正成や新田義貞の志を持たなくてはならぬ時世になりました。少しも緩んではならぬご時世と私も夜昼なく苦労しております。
先頃、小田村兄様も京都をお立ちの折、二男（久米次郎）の方を養子にもらいましたので、皆さんに相談してもらってください。小太郎殿、お千代殿も成人されて喜んでいます。いずれもだいたい、めでたくかしく。
八月二十九日　　　　　　　　よしすけ（義助）
返す返すも皆々様へよろしくお伝えください。あなたも寒さをいとって大切になさることが大事だと思います。
お文どのへ
《私は已《や》むに已まれぬ事情があって、よしすけと名を改めました》

尚々書きにあるように、玄瑞は、危機的状況になっていることを変名したことによって文に知らせています。玄瑞のみならず、長州藩の置かれた苦境も読み取ることができます。

十八、元治元年（1864）1月19日

新玉の年の初めになりましたが、寒さがなかなかにやわらぎませんが、差し障りもなく年が越せたことと喜んでおります。私もなんとかかつかつに、どうにかこうにか暮らしています。安心してください。

私は京都に上ったあとも、探索が非常に厳しくて、誠に誠に困っています。十歳が帰国したときにお聞きになったことと推察いたしましてあらあら申し上げます。めで度かしく。

正月十九日

よしすけ

お文どのへ

なお、言うまでもないことですが、ご用心してください。杉皆様へもよろしくお伝えくださるよう頼みます。

なお、子どもの着物と小袴《こばかま》は、一つは吉田小太郎殿へ、一つは久米次郎に、紅の帯一筋は杉おとよ殿へ差し上げたく送ります。これはお年玉の印です。久米次郎はたびたび来ますか。早く早く成長してくれと祈っております。

小田村文助殿より鎧直垂《よろいひたたれ》を買ってくれと頼んできましたが、まだ調達できていないので、調え次第送ります。

十九、元治元年（1864）3月25日

たびたびお手紙をいただき、まず差し障りがないことで安心しました。私も去る十九日に藩の用があって山口まで帰ったので、安心してくださるよう頼みます。せっかくのことなので、御先祖様のお墓参りもしたいけれど、このたびは急ぎのこともあって、かつまた水戸の人など連れ合いもあるので、思うようにいきません。久米次郎も無事に過ごしているようで、大いに安心しました。いずれも早く成人して藩のお役に立つようになってほしいと日夜祈っています。これも結局、親の育て方であるから、よくよく気をつけられ、教え諭すことが大事だと思います。

さて、去る四日、京都東山の霊山《りょうぜん》というところで、御先祖の祀《まつ》りをしました。御神位もそこの神主・村上丹後という人に永代祀ってくれるように頼みおきましたので、そのようにお心得ください。

このたびは、右の次第ですから久米次郎などへ何の土産もなく、申し訳なく思いま

す。いずれ京に上がったうえは、大小の刀を調えお送りいたします。
杉皆様へよろしくお伝えくださるようお願いします。吉田稔麿もこの頃上京して健やかすぎるほど健やかにしていますので、稔麿の母上にお伝えしてください。
三月二十五日　善助
先日、杉お父様（杉百合之助）がお帰りになって聞いてらっしゃると思いますが、小太郎殿、おとよ殿にも例のごとく土産はなく、まことに気の毒千万です。大谷中井へもよろしく頼みます。
お文どのへ
なお、下女などおいたほうがいいでしょう。

最後の尚書きにある下女の件は、養子も受けて文も一段と忙しくなったことへの配慮と思われます。

二十、元治元年（1864）6月6日

暑いときになりましたが、まずまずは変わりなく暮らされているようで、安心しま

した。

昨日久米次郎が来て、久しぶりに対面し非常に喜んで、昨日も一緒に寝ました。久米次郎の大小の刀も大坂に注文しておきましたが、このたびは間に合いませんでした。いずれ、大坂へ上ったうえは、大小調えて早々に送ります。

梅兄もお出でになり、二人でかれこれお話をしました。このたびはちょっとでも萩に帰りたいのですが、用事が忙しいので困っております。なんとかします。いずれもあらあらかしく。

六日
佐々木おば様、杉家の皆様、小田村、児玉、玉木へもよろしくお頼みします。久米次郎は一日二日とどめおきます。まことにもお利口に遊んでおりますので、安心してください。


三月に上京したときの京都の様子は会津藩士、薩摩藩士、新撰組の跋扈は目を覆うほどに物凄《ものすご》く、この事態ではもはや一刻の猶予もならない政局へと変わってしまうと危惧した玄瑞は、5月27日、来島又兵衛《きじままたべえ》と再び帰国し、三条実美らに謁見し、世子毛利定広の上京を乞いました。

とりわけ、開国策を主張する島津久光や松平春嶽《しゅんがく》らは参与会議がうまく進展せず、国へ帰るため京都を離れたこの機に乗じなければあとにチャンスはないと玄瑞は思ったのです。

ところが、藩論はまとまらず対立してしまいます。周布政之助、高杉晋作、桂小五郎らは自重論をとります。

結果的に進発令は出されますが、この手紙の日付けの前日、6月5日、京都にて池田屋事件が起こり、吉田稔麿や宮部鼎蔵らが新撰組の襲撃によって惨殺されます。この事件に激昂した長州藩の勢いはすさまじいものとなります。

兄・梅太郎や他の同志たちからも、文は玄瑞の様子をつぶさに聞いているはずです。どの程度つぶさに聞かされていたかは、これも推測の域を出ないのですが、徐々に切迫した夫の立場は感じ取っていたことでしょう。

最後に、久米次郎と対面することができ、二、三日ともに過ごすことができたのは、天の配剤ともいうべきタイミングであったかもしれません。

玄瑞の手紙はこの元治元年6月6日で終わっています。同年7月19日の蛤御門の変で玄瑞は自刃し25より齢を数えることはなくなりました。

20通の手紙が語る玄瑞と文の、短いながら細やかな夫婦愛

たった20通の妻に宛てた手紙ですが、玄瑞の人柄、志、才能、気性、気骨、などが伝わってきます。どんなに国事に奔走しても決して家族を忘れない、一門一族の身の上を気遣い、いとおしがり、懐かしがる——。

師・吉田松陰が長州藩第一流の人物とたたえたのもわかるような気がします。ただ優秀、俊傑というのでは松陰はそれほど推奨はしなかったかもしれません。

玄瑞は、弱い存在——老人・子ども・女性——に対して目を向け支えようとします。そうしようと心がけているのではなく、自然な心からの発露としてそうしていることは、表れる言葉や行動がそれを物語っています。

文はその玄瑞の優しさと愛を手紙や手紙にしたためられている和歌によって受け止め、彼が亡くなってからも玄瑞の心に触れようと、繰り返し繰り返し手紙を読み返してきたことでしょう。玄瑞は、愛する妻子をいとおしがりながらも、国のために自分が信じる天下の道をまっとうしたのです。

そこには血気にはやるのではなく、俗人の見解に惑わされない学識と才があり、実行が伴っていました。これもすべて松陰の教えを引き継いだものといえますが、松陰の教えを全うできる弟子の存在が松陰の前に現れたことは、これもまさに奇跡か神の配剤ではと思ってしまいます。

玄瑞を失ってから多くの人が彼の早すぎる死を惜しみました。

この「玄瑞の手紙を持参してもいいのなら」という楫取素彦との婚姻にあたっての文（美和子）の条件は、玄瑞の手紙を手放して嫁ぐことはもはや自分の支えがなくなるような気がしたからでしょう。

文の人生にとって玄瑞はすべてといっていいほど、この手紙による玄瑞が文の心の内をほとんど占めていたからです。

楫取素彦もそんな文の心情をよく理解するとともに、素彦自身も久坂玄瑞への思慕の情を込めて、『涙袖帖』と文（美和子）が玄瑞を偲ぶたびに袖に涙する形見としての名を記したのでした。

玄瑞の果たした歴史的役割

25歳で死んだ玄瑞のことを、あまりにも短い一生と誰もが嘆きます。しかし、彼の師である松陰は29歳で刑死、そのときの松下村塾の門下生の平均年齢は約19歳という若さです。明治維新という革命は、紛れもなくこの青年たちによって成し遂げられたのです。その純粋さゆえ、顔にはまだ少年のような輝きを残した彼らは、松陰の思想をまっすぐに理解しました。

この時代を自分たちの手によって変えていかなければならぬという志を一心に持ち、一身を国のために捧げ尽くしたことは、松陰の教育の賜物《たまもの》であることはいうまでもありません。

彼らの生き様と死に様は表裏一体、松陰の教訓そのものです。

「真の志士なら功業でなく忠義をやれ、志士たるものは天下国家の捨て石たれ」

「死して不朽の見込みあらばいつでも死ぬべし、生きて大業の見込みあらばいつまでも生くべし。僕が所見にては生死は度外におきて、ただ、言うべきを言うのみ」

という言葉にあるように、信じてことを行うとき、結果を恐れてはならない、生死は度外に置くべしというのです。

死に至った玄瑞に関して浅い見方をすれば、来島又兵衛や真木和泉らに押し切られ、蛤御門の変で幕府軍に大敗を喫し、あえなく自害した久坂玄瑞、ということになるのでしょう。

しかし、この蛤御門の変がなければ、長州征伐に至らず、長州征伐に至らなければ、討幕に至らず、明治維新へと時代は進まなかったかもしれないのです。もちろん、いずれは討幕の気運となる日は来たことでしょう。

しかし、それはずっとあとになったかもしれません。もっと違った形のものになったかもしれないのです。

松陰の死は若者を起《た》ち上がらせました。玄瑞は尊王攘夷の急先鋒《きゆうせんぽう》となってそのきっかけを作り、晋作がクーデターを成功させ、瞬く間に日本の近代統一国家への足掛かりを作ったのです。この三人は誰も夢にまで描いた新しい時代を見てはいません。

玄瑞らが歴史の転換期にいたのではなく、玄瑞らが歴史をこの時点で転換させたことは明白です。藩のためか、国家のためか、その混沌《こんとん》とした社会情勢の中、考え、行動するにしても内外に敵は多く、ひとかたならぬ労苦が彼らにのしかかったことはいうまでもありません。

青春のすべてを革命に捧げた久坂玄瑞――。そして文字どおり時代は変貌を余儀なくされます。松陰からバトンを受け取り、晋作にバトンを渡す玄瑞、日本の近代国家を作るうえで、重要な役割を玄瑞は精一杯生きて果たしていったのです。

兄・松陰よりさらに若い夫の死をどう受け止めたか

文は夫の死をどのように受け止めたのでしょうか。玄瑞からの手紙の何倍もの手紙を文は夫に出していました。

それは夫に対して手紙をもっとくださいという催促にもとれますが、故郷のことをたくさん知らせてあげたいという気持ちも大いにあったのではないでしょうか。

文と結婚するまで天涯孤独の暮らしだった玄瑞に、家族みんなが玄瑞のことを思っていますよと伝えることによって、元気を出させてあげようという文の心遣いもあったことでしょう。

玄瑞が手紙で杉皆様へ、お父様、お母様、梅兄へ、とたびたび感謝といたわりの気持ちを表したのは、もともと文の手紙に玄瑞に向けられた家族の愛があったからこそです。

玄瑞が亡くなる5年前、最愛の兄・松陰が安政の大獄によって刑死します。誰よりも可愛がってくれたあんなに優しい兄が死刑になるのですから、文の心は形容しがたいほど悲しみに乱れたことと思います。

その5年後に今度は最愛の夫・玄瑞が戦死します。6月6日の手紙のあと、次の手紙はまだかまだかと文は待ち望んだことでしょう。約ひと月半が経《た》ち、文のもとへ届いたのは玄瑞戦死の知らせでした。いくら覚悟のある武家の女とはいえ、再び悲しみの底へと突き落とされた文のことを思うと気の毒でなりません。

しかし、松陰が刑死にあたり塾生や諸友に記した遺書『留魂録』を、ずいぶんあとのことかもしれませんが文も読んだと思います。そこには、

「諸君は僕の志をよく知っている。だから、僕の刑死を悲しまないでほしい。僕を悲しむことは、僕のことを知ることにおよばないし、僕を知ることは、僕の志を継いで、大いに僕の志をのばすことにはおよばない」

とあります。文は、松陰の志が幕府を倒し、欧米列強に対抗し得る近代統一国家に日本を変えることであったことを当時の女性には珍しくよく知っていたはずです。

したがって、兄の遺志を継いだ夫の死もまた、文は「悲しまないでほしい」という玄瑞の声を聞くような気がしたにちがいありません。

第5章

文を愛した第三の志士・楫取素彦

楫取素彦(小田村伊之助)は、松陰と同じく学者の家柄

平成26年（2014）、楫取素彦の生涯を描いた『楫取素彦伝　耕堂 楫取男爵伝記』(山口県萩市、群馬県前橋市）が出版されました。この出版にあたって、素彦の子孫（素彦から数えて五代目）にあたる楫取能彦氏は次のように語っています。

「……父の死後、父の部屋の押入れの天袋を見てみると、古いカバンがあり、その中にいかにもときを経たことを感じさせる万年筆書きの原稿が入っていました。ざっと目を通して、これがかなり昔に書かれた楫取素彦の伝記であるということくらいは一応理解できました……」

じつは、この原稿は、昭和の初め、萩出身の歴史家・村田峰次郎が執筆し、草稿のまま、楫取家に長い間保存されていたものだったのです。さらにいえば、著者の村田峰次郎の祖父は、萩の財政を立て直したことで有名な村田清風《せいふう》です。

村田清風は、中級藩士ながら藩主の毛利敬親《たかちか》に抜擢《ばってき》され、藩財政の建て直しや教育改革など「天保の大改革」を成し遂げた人で、私が尊敬する人物の1人なのです。

それはともかくとして、この章を書くにあたって、私は、この本と『男爵 楫取素彦の生涯』（公益財団法人毛利報公会）を参考にさせていただきました。

楫取素彦は、文政12年（1829）、藩医・松島家の次男として、今の萩市内で生まれました。12歳のとき、儒学者・小田村家の養子になったので、小田村伊之助を名乗ることになったのです。

なお、楫取素彦と名乗るのは、慶応3年（1867）になってからなので、しばらくは小田村で通すことにしたいと思います。

小田村が明倫館に入学したのは弘化元年（1844）16歳のときでした。その後、19歳のときに養父が死去したために小田村家を継ぎ、明倫館の司典という書籍を司《つかさど》る役に就き、儒学者の道を歩み始めました。

20歳になった嘉永元年（1848）、城の警護役である城番に加えられ、翌年、新しい明倫館ができ上がったとき、講師見習い役に任じられます。この役は、教授・助教授に次ぐ地位です。

江戸藩邸勤務を命じられたのは、嘉永3年（1850）3月のことでした。このとき、儒学者の佐藤一斎や安積艮斎《あさかごんさい》の塾に入っています。

江戸で、次の項で述べるように、松陰と出会い交流を深めると同時に、松陰の無謀な行動を心配し、諫めたりしています。

嘉永6年（1853）には、萩に帰って、再び明倫館に入りますが、すぐに、江戸藩邸の文武稽古所・有備館の稽古係を命じられて江戸へ行っています。

さらに、2年後の安政2年（1855）には、再び帰国して明倫館で講師見習いに復帰し、翌年、今度は警備のために相模国三浦郡の陣屋に派遣され、その任が終わると、明倫館が待っているという具合に、江戸と萩を頻繁に往来していたようです。

それだけ、藩に重用されていたということでしょう。したがって、小田村の明倫館における教育活動が始まるのは、安政4年（1857）萩に落ち着いてからということになります。

当時松陰は、杉家に蟄居、多くの弟子が集まっていました。この年に久坂は入門し、文と結婚していますから、久坂とも会っているのでしょうが、藩務に忙しく、松下村塾にはあまり行っていないようです。

江戸で松陰と出会う

一方、松陰が江戸へ入ったのは、小田村に遅れること1か月後の4月です。このときから、小田村と出会うまでに、松陰が故郷宛に書いた手紙が3通あります。順を追ってみると、

・嘉永4年4月13日付け　玉木文之進に宛てて

「宍道恒太《しんじつねた》・小田村伊之助など学者たちが何人かいます。彼らの行動が正しいかどうかと思いました。大体、当御番手冷飯株の中では、江戸の物見遊山のためだけに来ている人は少ないと聞いています。第一大番格の家臣の中にも、志のある人が多くいるようです」

ここで、すでに小田村らに会うことを想定し、物見遊山のみが目的で江戸へ来る人はいないようだと、江戸にやってきた人々を評価しています。

・嘉永4年5月5日付け　父と玉木叔父と兄・梅太郎に宛てて

「良い師となる友にはいまだ出会っておりません。艮斎の外はどこへも行っていませんへ」

松陰は、山鹿流の兵学を学びに来たのに、山鹿素水《そすい》に失望したようで、この手紙には、そういう意味が含まれていると思われます。ともあれ、江戸に着いて1か月未満のこの頃、同じ塾に入門していながら、まだ小田村には会っていないようです。

・嘉永4年5月20日付け　兄・梅太郎に宛てて

「小田村生などとはときどき会って、母上のことはいつも聞いています」

と、小田村との交流が始まったことを示唆しています。小田村は、松陰よりも1歳年上です。したがって、このときは、友人同士としての交流だったのでしょう。その後、小田村の日記には、松陰の行動があれこれ記述されています。

学問仲間の中村百合蔵と松陰と3人で藩主に講義したことや、松陰が浦賀まで出かけたこと、あるいは、書物を読んで議論したことなど、記述は多岐にわたっています。２人の交友関係が深まっていったことを示しているといえます。

また、『海防憶測』という、外国の日本への侵攻を危ぶむ国防論が論じられている書物なども交換しているので、２人は、海防問題に関心を持っていたと思われます。

このように、２人は親しく付き合っていますが、その性格にはかなりの違いがあったようです。

たとえば、まえに述べたように、損得抜きで行動してしまう激情派の松陰が、通行手形の発行を待たずに、東北地方へ出発、脱藩とされてしまったときの小田村の日記には、

「吉田大次郎（著者注　松陰）が、昨日脱藩したと言ってきた。すぐに桜田藩邸へ行き、来原良蔵・小川《こがわ》七《しち》兵衛《べえ》に会って、事情を尋ねた」

と、小田村は、びっくりして慌てている様子です。そして、小田村が、松陰の脱藩を責め、すぐに帰って来るよう忠告した手紙（著者注　この手紙は行方不明）に対する松陰の返事は、

「自分の気持ちを知っているはずなのに、責められるとは思わなかった」というもので、何もしないままで帰ることなどできない、もし、どうしても帰れと言うのであれば、自分で首をはねて胸を刺し、自害して罪を償うという激しいものだったのです。

文の結婚を遡ること4年前、敬愛する次姉・寿と小田村が結婚

小田村が結婚したのは、嘉永6年（1853）江戸遊学を終えて帰国し、明倫館の講師見習いに返り咲いたときです。相手は、松陰の次妹・寿でした。

それは、松陰が諸国遊学中で江戸に滞在していたときでした。脱藩の罪で士籍を剝奪され、父の監視の下で暮らすことになったものの、彼の才能を惜しんだのか、諸国遊学を許されたのです。

寿の結婚を知らせる兄からの手紙を受け取った松陰は、とても喜び、次のような返事を書いています。

「久し振りに故郷の便りを聞いて、繰り返し手紙を巻き返して何度も読みました」と、何

度も繰り返し読んでは、喜びを味わっている様子が見えます。そして、「妹の寿が小田村氏へ嫁いだそうで、喜ばしいのはこのことで、お喜び申し上げます。小田村の三兄弟は皆読書家で、このことでも私の喜ぶところです」と、小田村とその兄と弟の3人がともに、読書人であることをことのほか喜んでいます。

この結婚をきっかけにして、小田村は、松陰との結びつきを深めていきました。

とはいえ、小田村は、藩の役人としての仕事が煩雑で忙しく、松下村塾の教師としての務めはままならないこともあったようです。

また、この年、日本人にとっては幕末最大の出来事が起きています。ペリー来航です。それまでも、外国船が出没したことはありましたが、以前も書いたように、浦賀という江戸の近くにやってくるまで、ことの重大さに気づかなかったのです。

こうした世情は世情として、人々の生活に大きな変化が起きるはずもなく、小田村夫婦の間には、翌年、長男篤太郎《とくたろう》（のちの希家《ひさいえ》）、4年後の安政5年（1858）には、次男久米次郎（のちの道明《みちあき》）が生まれています。

2人が結婚したとき、文はまだ10歳そこその少女でした。はるか年上の小田村が、のちに、自分の夫になるとは思いもしなかったことでしょう。ただただ、敬愛する姉の結婚をまぶしい思いで見ていたのではないでしょうか。

この姉は、松陰も認めるほどの賢く気丈夫な女性だったからです。

このように、一見穏やかな生活が続いた小田村家でしたが、年下ながら義兄となった松陰の言動に振り回された面がないとはいえません。そのいくつかを挙げておきましょう。

・密航を企てた松陰を援助

安政元年（1854）、下田でアメリカへの密航を企てて失敗、江戸の伝馬町獄に収容されたとき、小田村は、その安否を気遣い、金銭や筆記用具を差し入れています。

・松陰に村田清風伝を書くように依頼される

伝馬町獄から萩の野山獄に移された松陰は、安政2年（1855）、その年に死去した村田清風伝を書いてほしいと言ってきています。編纂《へんさん》のとりまとめをしてほしいというのです。しかし、小田村は忙しいうえに資料も不足していたので、いろいろな人に相談した結果、責任が果たせない旨の手紙を書いています。

・松下村塾の後継者として期待される

安政2年（1855）の暮れ、杉家に移された松陰は、翌年、小田村に、帰国したら松下村塾を盛り立ててほしいという依頼の手紙を書いています。しかし、帰国した小田村は、明倫館での公務に追われ、松下村塾に関与することはなかなかできませんでした。

・松陰の再びの野山獄入りを阻止しようと運動

安政5年（1858）、松陰再投獄の命令が下りました。小田村は、それを阻止しようと運動しますが、覆すことはできませんでした。

このように、松陰のために寸暇を惜しんで活動した結果、ままならないことも多く悩みは深かった小田村ですが、松陰は、江戸に送られるまえ、彼の働きに、

「三度の罪を犯したときには、すべて周旋にあたってくれた。今度ばかりは萩へ帰る見込みもなく、何か言い残したいが、いろいろな思いがこみあげてどうにもならない。だから、生まれた甥の端午の祝いの詩を書いて別れの言葉にしたい」

と、感謝する言葉を遺しています。小田村としても報いられる思いがしたのではないでしょうか。

松陰より1歳年上の小田村、10歳年下の久坂の関係

久坂玄瑞が、松下村塾に通うようになったのは、安政4年（1857）、数えで18歳のときでした。このとき小田村はすでに寿と結婚していました。

しかも、小田村は、藩の仕事で忙しく、松下村塾で教える機会も少なかったと思われます。ですから、小田村と久坂の関係は、それほど深いものではなかったのではないでしょうか。

『花冠の志士』を書いた古川氏も、この小説の中ではあまり小田村を登場させていません。唯一、2人が行動をともにするのは、松陰に江戸への召喚命令が下ったとき、安政6年（1859）です。松陰の義弟にあたる2人は、連れ立って松陰のもとを訪れています。

「召喚令が届いた翌日の夜、玄瑞は品川弥二郎、小田村伊之助とともに、野山獄を訪れた。松陰の独房には、灯火がともり先客がいるようだった」

この先客は、公武合体派の藩の高官・長井雅楽で、松陰に、江戸で余計なことを言わないように釘《くぎ》を刺しに来たのでした。

彼に憎まれ口をたたく玄瑞を、小田村は、「もう少し言葉を慎んだがよいぞ」とたしなめています。いかにも、謹厳実直な人柄が表れています。玄瑞の若さを心配したのでしょう。

そんな小田村に、松陰は、「松下村塾のことだが」と話しかけ、「今は閉鎖の命を受けておるが、いずれは許されよう。再開されれば骨折ってやってください」と頼んでいます。

さらに、松陰は小田村に対して「至誠に対して心を動かさない者は未だにいない」という孟子の言葉を使って、至誠をもって幕府に対決する決意を吐露した書を託しました。江戸へ行ったら、誠を尽くして話そうと思う、もしそれが功を奏したら、これを世に伝え、うまくいかなかったら焼き捨ててほしいと依頼しています。

松陰は、誠を尽くして話したにもかかわらず刑死したわけですが、小田村は、後世に残したいと考えたのでしょう。その後、松陰の誠は弟子たちに伝えられていったのですから、小田村の判断は正しかったということになると思います。

志士としての情熱には物足りないものを感じ、「小田村の論では、なかなか納得できるものではない……」「伊之助その他政府の狗子《いぬ》……」などと言ったことはありましたが、むしろそれゆえに、あとを託すにふさわしいと考えたのでしょう。

というわけで、松陰の計画を批判しつつも、その遺志を継ごうとする玄瑞と、公人としての働きを全うしようとする小田村は、それぞれの思う道を歩んだのです。

ですから、ここでは、禁門の変までの小田村の動きを簡単に述べておきたいと思います。藩は、文久元年（1861）、朝廷と幕府を融和させる公武合体説であり開国賛成論でもある「航海遠略策」を採用しました。

しかし、孝明天皇が、攘夷に固執していることを知り、また久坂らの反対もあって、翌年には、外国と対決しようという「破約攘夷」に方針変更をします。いわば、松陰の死の前後、藩は、右往左往していたことになります。

藩主の毛利敬親は、家臣の進言に「そうせい」と応えたというので、「そうせい侯」といわれていたそうですが、優柔不断の殿様だったのでしょう。

この間、小田村は、常に藩是に従おうとしていたのか、これらの議論に積極的に参加した形跡はありません。

小田村が登場するのは、藩の方針変更後のことで、藩主・敬親の内命で、密かに支藩の説得にあたっています。これは、失敗すれば藩の存亡にかかわる重大な使命でした。維新後の明治30年（1897）、毛利家史編纂のためのインタビューに応じた小田村は、その

苦労を赤裸々に語っています。（『楫取素彦翁談話』毛利家文庫）
文藩の説得には成功したものの、「八月十八日の政変」で都を追われ、元治元年（1864）の禁門の変で幕府に敗れてしまいます。この変で、小田村は、義弟の久坂玄瑞、そして実兄の松島剛蔵を失います。兄は、洋学の第一人者として活躍していたことで処刑されたのです。
このとき、小田村は、連座を心配する藩主の計らいで、伊之助から素太郎《もとたろう》と名前を変えています。しかし、改名は功を奏さず、同志とともに、野山獄に投獄され、明日をも知れぬ身になったのです。
ちなみに、「八月十八日の政変」とは、会津藩と薩摩藩を中心とする公武合体派が、長州を都から追放した事件です。このとき、尊皇攘夷派の公家たちも都を追われ、そのことを「七卿落ち《しちきょうお》」といいます。

久坂家と楫取家との関係

久坂玄瑞と小田村伊之助の生き方を比較するならば、久坂を「武断派」、小田村を「文治派」とすることができるでしょう。それが、この2人の命運を分けたといえるのかもしれません。

というのも、玄瑞の死後、数々の騒動ののち結ばれることになった、あの「薩長連合」の長州側の立役者は桂小五郎ですが、じつは、その橋渡しの役を務めたのは小田村だったのです。

高杉晋作らの働きで藩是の変更に成功し、野山獄を出た小田村は、再び、藩主の内命を受け、塩間鉄造と名乗って、危険を冒して太宰府に赴きました。そこで、坂本龍馬に会い、龍馬を桂に紹介するという重大な役割を果たしています。

前出の『楫取素彦翁談話』には、このときのことが「坂本龍馬がきて薩長同盟の必要性を言った」とか、「薩摩の大山綱良《つなよし》に会って話し合った」などと書かれています。

その他、幕府との折衝のために、藩の重役が出かけるときは、その付き添い役に任命されることも多く、そのために、幕府に拘禁されることもあったのです。
話が、久坂からそれてしまいましたが、久坂は、万事沈着な小田村を信頼したのでしょうか、第4章で触れたように、小田村の次男・久米次郎を養子に迎えることにしました。文久3年（1863）、その旨の手紙を文に書いています。ちなみに、久米次郎は小田村の幼名でした。

ところが、玄瑞の死後、まえにも述べたように、玄瑞の京都での愛人（佐々木ひろ）に男児が誕生していました。それが知らされたのは明治2年（1869）のことでしたが、その男児・秀次郎は、長州藩に認知され、久坂家に引き取られることになりました。

文の心境には複雑なものがあったと思います。久米次郎を手塩にかけて育て、久坂家復興に努力してきたからです。しかし、明治12年（1879）、秀次郎は、正式に久坂家を継ぐことになり、久米次郎は、楫取家に戻ることになりました。

家の存続が最優先されていた当時、相続権は、長男の単独相続が原則でしたから、女手ひとつで久坂家を守り続けてきた文は、そういう面でも厳しい立場に置かれたことになります。

その一方で、秀次郎は夫の久坂玄瑞に生き写しだったともいわれています。現在残っている久坂の肖像画は、秀次郎をモデルに描かれているそうですから、文は、秀次郎に夫の面影を見ることもあったのではないでしょうか。

のちに、楫取との結婚を決意する文の頭には、こうした複雑な思いや、久米次郎との楽しかった生活がよぎったのかもしれません。

幕末に咲いた一輪の花・野村望東尼を保護した楫取素彦

話が少し前後しますが、将軍慶喜が大政奉還を上申し、さらに王政復古の大号令が出されて、世の中がさらに騒がしくなった頃、小田村は、藩命により楫取素彦と名乗るようになりました（慶応3年9月24日）。

そこで、ここからは、楫取素彦で話を進めたいと思います。楫取は、改名したこの月の25日、奥番頭《おくばんがしら》に任じられ、長州軍の参謀として、軍務処理の大役を担うことになりました。

これから、鳥羽伏見の戦いに始まる戊辰《ぼしん》戦争へと突入していくわけですが、楫取にふさわしいエピソードを1つご紹介しておこうと思います。

慶応3年（1867）11月、士気盛んに出兵した彼らの姿を見ようと集まり、歓声をあげる人々の中に、筑前の女性勤王家・野村望東尼《ぼうとう》の姿がありました。

彼女は、この出陣を喜び、「慶応三年九月下旬長州軍が大坂にのぼるとき、その中の小田村様のはなむけに贈る」と詞書《ことばがき》して、次のような歌を詠んでいます。

「何時しかと我か待わびしたづむらの　こゑを雲井にのほる時来ぬ」

（いつになるだろうかと、私が待ちわびていたときがきた。鶴の群れが空に高く昇るときがきた）

じつは、望東尼は、この年4月に病死した高杉晋作と深い関係があります。もともと、福岡藩士の娘として生まれた彼女は、学問を好む女性でした。同じ福岡藩士の野村新三郎と結婚しますが、その夫が早くに亡くなり、それからは髪を下ろして望東尼と名乗るようになり、読書に励んでいました。

その結果、勤王の志士と交わるようになり、その中に高杉晋作がいたのです。彼が、馬関戦争などを引き起こし困難な目にあって、筑前に逃れたとき、望東尼の平尾山《ひらおやま》の別荘に潜んでいたこともあります。

また、福岡藩に政変が起きて、藩の勤王の志士が全員粛清され、望東尼も姫島に流されたとき（「乙丑《いっちゅう》の獄」といいます）には、逆に、高杉のほうが、その恩に報いています。高杉の指示で島の牢獄を破り、助け出し、馬関まで連れてきたのです。

望東尼は、馬関で、白石正一郎や入江和作の家に住んでいましたが、高杉が持病の肺結核に苦しんでいるときには、日夜看護にあたりました。やがて、4月に彼が死去すると、彼女は、山口にある楫取の家に身を寄せています。

そして、長州軍出発の折には、水垢離《みずごり》をして、勝利を祈ったということです。しかし、これが身にこたえたのか、その年の11月、息を引き取ってしまったのです。

楫取は、この知らせを受けて、彼女の死を悼む歌を詠いました。

「山水のきよき流れを今はただ　たむけしあかの水となしつる」

（山水の清い流れを今はただ、亡くなった望東尼の霊に捧げる水とすることになった）

幕末の志士の中には、ひたすら突っ走る猪突猛進型《ちょとつもうしんがた》の人間と、楫取のように、気配りができる沈着冷静型の人間がいました。彼らは、それぞれ分業という形で、長州藩と一体になり、明治維新を実現させたのです。

維新後の地方行政に尽力

慶応3年（1867）から、同4年（1868）の戊辰戦争勃発・戦争勝利に至るまで、楫取は、藩主・敬親にとって、側近中の側近という立場に立っていました。

戊辰戦争が一応の終結を見てからも、藩内には不平分子の挙兵などの騒動が起きましたが、それを収めるのは、楫取ら人望のある人物の役割だったのです。

こうした楫取らの働きもあり、毛利敬親は、明治元年（1868）、明治天皇から「内外の大難をしのぎ、朝廷の今日を築いたのは、汝《なんじ》のおかげであると喜んでいる」という趣旨の言葉を受けています。

しかし、明治4年（1871）、楫取は、敬親が死去し、廃藩置県が断行されると、維新政府に参加せず、隠棲《いんせい》してしまいます。

そこは、戸数15戸から16戸くらいの小さな村でしたが、楫取は楫取山と呼ばれる広い土地を所有していました。浄土真宗に帰依していた寿は、近くに堂を建て、毎月2回、僧侶を招いて真宗の普及に努めました。

その生活にピリオドが打たれたのは翌年の明治5年（1872）のことでした。現在の小田原あたりを含む足柄《あしがら》県の下級官吏として赴任し、間もなく、参事に昇任しました。そして、それから2年後、かつての石高に換算すれば、足柄県の3倍にあたる熊谷《くまがい》県の権令《ごんれい》（今でいう副知事）の辞令を受け取り、翌明治9年（1876）に、県令になっています。

そして、同じ年に熊谷県は、群馬県となり、楫取は初代の群馬県令になったのです。明治9年といえば、不平士族などの叛乱が治まらず、まだまだ混乱していた時期であり、故郷山口県でも、「萩の乱」が起きています。このとき、松陰関係者に起きた悲劇はすでに述べたとおりです。

ようやく、落ち着きを取り戻したのは、明治10年（1877）西南戦争が終結したときといえるでしょう。薩摩人が誇りとしている西郷隆盛が、明治政府に不満を持つ士族たちとともに立ち上がった西南戦争ですが、西郷隆盛が、彼らを引き受けることで、世の中に収まりがついたのかもしれません。

なにはともあれ、楫取はそれから、約8年の間、群馬県令として、教育の充実と産業発展に尽くしました。

たとえば、『群馬県百年史　上巻』には、楫取の業績についての次のような記述があります。

「楫取の熊谷県時代は、現在の群馬県政の基盤が、この時築かれたと云って良いほど、重要な仕事が矢継ぎ早に行われた。
師範学校の設立、地租改正、県機構の整備、大小区集会の開催、産業・教育・土木・衛生・その他革新的な新事業が施行された。楫取素彦は人格識見学識高く、歴代群馬県知事中随一と云われる人である」

楫取は、明治10年（1877）には、小学校教育に関する制度を、翌年には、さまざまな教育関係者養成に関する制度を制定し、それからも、中学校、女学校の設立を成し遂げています。

その結果、群馬県は、有数の教育県として認められるようになったのです。教育を何よりも重んじ、女子教育の必要性を説いた松陰の思いが、楫取素彦によって結実したといってもいいでしょう。

記録を見ると、明治9年（1876）当時の群馬県の就学率は50パーセント、全国平均の38パーセントをはるかに上回っています。

寿は夫の出世とともに足柄、熊谷（群馬）へ

これらの楫取の働きに、松陰の妹として、その薫陶を受けた妻の寿の力も無視できないことはいうまでもありません。すでに述べたように、寿は、浄土真宗を広めることで、荒れていた人民の精神を救ったのです。

また、明治新政府は、日本の近代化を進めるために、産業の振興を図りました。先頃世界遺産に登録されることになった、群馬県の富岡製糸場もその1つです。

この製糸場は、農家の家内工業として細々となされていた製糸業を、機械化することで大規模生産を可能にする画期的なものでした。楫取は、必ずしも経営が順調でなかった富岡製糸場の救世主でした。

生糸は、重要な輸出品だったので、ここで作られる生糸は、欧米に向けて盛んに輸出されました。富岡製糸場の製品は、絹織物の先進地フランスのリヨンにも輸出されています。

それにはもちろん楫取の働きがあり、輸出販路をアメリカに広げるために、富岡製糸場に倣って作られた水沼製糸場の社長・星野長太郎が弟の新井領一郎をアメリカに派遣するときには援助をしています。

このとき、妻の寿は、新井に、兄・松陰の形見の短刀を手渡して、兄の魂のこもったその短刀をアメリカへ持っていってほしいと依頼したというエピソードが残っています。寿は、海外を夢見ながら果たせなかった松陰の夢を果たしてほしいと思ったのでしょう。

明治9年（1876）、アメリカに渡った新井は、アメリカ市場の開拓に成功しました。質のいい生糸と、日本の伝統ある商法で信用され、生糸の直接輸出を可能にしたのです。

新井は、その後もアメリカに滞在し、全米生糸市場の要職に就いています。

なお、余談ながら、新井の長女は、明治の元勲・松方正義の長男に嫁ぎ、その娘である孫・ハルは、のちに駐日大使になったライシャワーと結婚しました。駐日大使として赴任したときのハル・ライシャワー夫人の人気ぶりは今でも記憶に残っています。

先ほどご紹介した「松陰の短刀」のエピソードは、ハル・ライシャワーの著書『絹と武士』（文藝春秋）に記述されています。

私は、この本の翻訳者である広中和歌子さんのお手伝いをさせていただきました。和歌子さんのご主人は、ハーバード大学教授広中平祐先生で、広中先生は、数学のノーベル賞といわれるフィールズ賞の受賞者です。

楫取を始めとするこうした殖産の動きは、日本における産業革命を起こす原動力になっていったのです。

しかし、楫取の仕事に立派な内助の功を果たした寿は病弱のうえ、脳梗塞の発作で苦しんでいましたが、肋膜炎《ろくまくえん》を併発してしまいました。

そのために、東京の本宅に帰り療養を続けたのですが、明治14年（1881）、この世を去ってしまったのです。

楫取は、妻の死を悼んで次のような歌を詠んでいます。

「今はただ甲斐《かい》こそなけれもろともに　花のうてなに住まんちぎりも」

（今ではもう仕方のないことになってしまいました。二人一緒に花園に住みましょうという約束も）

寿が病気になり、文（美和子）は住み込みで看病

文が美和子と改名したのは、久坂玄瑞が蛤御門の変で戦死した翌年のことです。十四代藩主・元徳《もとのり》夫人の安子《やすこ》のもとに出仕することになったのがきっかけでした。慶応元年（1865）に嫡子・元昭《もとあきら》が生まれると、その守役になっています。

ですから、ここからは美和子という名前で話を進めていきたいと思います。なお、この年、父の杉百合之助はこの世を去っています。

美和子が毛利安子の奥女中になったのが、慶応元年9月25日であったことは、道迫真吾《どうさこしんご》萩博物館主任学芸員が『安子女中手びかえ日記』（山口県文書館所蔵）で確認されました。当時毛利家は、山口に移住していたので、美和子も一人で山口に住んでいたことになります。

日帰りで萩に帰ったり、保養のためにいとまをもらったりしていますので、あるいは、久米次郎の顔を見たかったのではと、道迫氏は推測されています。

楫取が杉家の長男・民治に宛てた文書を『楫取書簡』といいますが、その『楫取書簡』に美和子が初めて登場するのは明治3年（1870）のことで、そこには「久坂御令妹」と書かれています。これは久坂玄瑞未亡人という意味でしょう。

同じ時期、『楫取書簡』には、妻・寿の健康状態を気遣う文章が見られるようになっています。

「妻は、例の胸痛で養生しています」（明治3年（1870）10月）

「今、いつものように具合が悪いのです」（明治4年（1871）4月）

「二か月まえから阿久《おひさ》（寿）は胸の痛みで苦しみ、一時は激痛に苦しみました……一時は非常に心配しました」（明治7年（1874）7月）

「阿久（寿）は春以来、病気で衰弱しています」（明治9年（1876）6月）

という具合です。

寿の体調が思わしくないため、美和子は、看病と家事手伝いのために、熊谷権令、熊谷県令、群馬県令と歴任する楫取のところへ通い始めます。

当時の『楫取書簡』に、

「今般阿三和《おみわ》氏（美和子）、帰県」（明治8年（1875）10月19日）とあり、明治9年（1876）6月の記述には、「阿三和殿、當地滞留中」

とあるところを見ると、美和子は、泊り込んで、看病や家事万端を引き受けていたようです。

以来、頻繁に美和子の名前が登場しているので、楫取は、美和子を頼り、その来訪を心待ちにしていた様子が窺えます。

「阿三和（美和子）さんの上京は何時でもよろしいので……阿三和（美和子）さんが六月に入っていらっしゃるのをお待ちしています」

「阿三和（美和子）さんには、六月中にはぜひお出でくださるようにお願い申し上げます」

「今日頃、阿三和（美和子）も東京より見舞いにきます」

などなどとあり、明治11年（1878）になると、

「阿三和（美和子）も、多分今月中には帰寧できることになりました」という不思議な記述が見られます。

なぜならば、ここにある、「帰寧」とは、嫁いだ娘が初めて里帰りをするという意味だからです。楫取が、このときすでに、美和子を妻として扱い始めたことになるのでしょうか。

さらに、この記述を見てみましょう。

「阿三和（美和子）さんは、私（楫取）が引き取り、前橋で寿の看護人、または私の家の

女幹事（まとめ役）になってくだされば、お互いに幸せになるでしょう」

これは、明治14年（1881）1月6日のものですが、寿が死去したのはこの年の1月30日ですから、死の直前に書かれたものということになります。つまり、寿が死去するまえに、美和子に同居してもらい、家の一切合切を任せることを願っているわけです。

2人が正式に結婚したのは明治16年（1883）5月ということになっています。しかし、次の記述、

「こちらに阿三和（美和子）さんが来てからだんだんおりあいがつきました」

とあり、これが明治15年（1882）1月に書かれているところを見る限り、寿の死後間もなく、2人はともに暮らし始めているというのが真相のようです。なお、原文には名前の前に「阿」とついていますが、これは、「お」と読み、女性の名前の上につける愛称です。

もちろん、久坂の思い出に浸り、一生1人で暮らすと決意している美和子を、母の瀧子が説得して、楫取と結婚させたという説も有力ではあります。美和子には、老いた母を安心させてあげたいという気持ちもあったでしょう。

とくに、美和子が、久坂からもらった手紙を持って楫取に嫁したことを考えると、美和

子が久坂を思い続けたというのも真実なのでしょう。

しかし、楫取がまんざらウソを書いたとも思えません。ですから、これが、人の心の不思議なところなのかもしれません。

また、楫取の立場でいえば、職務を全うするために、家内を取り仕切ってくれる人の必要性は切実だったのではないでしょうか。

楫取、男爵となり華族に列せられ、美和子は男爵夫人となる

明治16年（1883）、楫取は辞職願を出しています。肉体的、精神的に、地方の長としての仕事に耐えられないというのが理由でしたが、前橋市民は、辞任に対する反対運動を起こしています。

しかし、任期が12年と決まっていたこともあり、この願いは受理されず、翌年までの延長ののち、元老院議員として栄転することになりました。

辞任にあたって、楫取は、風俗も人情も違う地域で、産業や教育の振興に尽くしたこと

に対する送別の辞を受け取っています。上京するときには、数千人の人々が見送ったといいますから、楫取のやった地方行政は成功したということになります。

楫取の最後の置き土産は、前橋の有志たちが建てていた迎賓用の建物「臨江閣」に寄付した茶室でした。この建物は、明治天皇を始めとする多くの皇族に利用され、別館も建てられています。現在、群馬県指定重要文化財になっています。

また、明治23年（１８９０）に建てられた「前群馬県令楫取君功徳碑」という大きな石碑も、楫取の業績の証といえるでしょう。その文章を作成したのは、薩摩藩出身の重野《しげの》安《やす》繹《つぐ》東大教授でした。

さて、楫取が議員として栄転した元老院は、明治8年（１８７５）に設立され、明治23年（１８９０）に帝国議会が開かれるまで、立法機関として機能していました。

とはいえ、議員資格はそれまで功労があった人に与えられるという側面があり、いってみれば、名誉職のようなものでした。17年間の県令職の苦労を癒《いや》してくれるものとして、楫取にとっては、悠々とした余生が与えられたというべきかもしれません。

そして、明治17年（１８８４）、華族令が発令されると、維新に功績があった人々が新しい華族として誕生しました。山口県出身の人物では、この年に10人が爵位を受け、楫取が男爵の爵位を得たのは、明治20年（１８８７）のことでした。

爵位を受けたのは合計で21人、このうち、物故者の二代目や武官としての功績者を除くと、14人になります。つまり、楫取は維新の功績者ベスト14に選ばれたことになります。

しかし、楫取にしてみれば、自分は多くの志士の死を乗り越えてきたにもかかわらず、年少の人間よりも低い爵位であることに少々不満もあったようです。

「自分の維新以前の勤めは、杉民治や山県有朋より下ではなく、かえってその上であると世間では言っているのに、私はいつも一段低い扱いを受けてきた習慣が尾を引いて二家よりも一段下にされてしまった」

という文章が残っているのです。

明治政府に他意はなく、単に、地方行政を担ってきたからだと思われますし、志半ばで倒れた多くの志士のことを思えば、上位の14人に入れたのです。一時、こんな不満を持ったとしても、やはり、その幸運を喜んだのではないでしょうか。

現に、晩年子爵へという内意があったときに、畏れ多いことと辞退したという話も残っているからです。

美和子は、こうして、晴れて男爵夫人になったのです。

夫とともに華浦幼稚園設立に尽力

山口県において、初めて幼稚園が作られたのは、明治19年（1886）のことでした。岩国小学校にできた附属幼児保育科です。その後、小学校の附属幼稚園は次々創設されました。

明治21年（1888）には、全国に創設された91の幼稚園のうち、10園が県内にあり、山口県は、随一の幼児教育県だったのです。ここにも、優れた教育者・吉田松陰の精神が生きていたといえるでしょう。

その後、明治25年（1892）に小学校併設の幼児教育科が廃止されると、防府三田尻に華浦幼稚園（現在は鞠生《まりふ》幼稚園）が、県内初の私立幼稚園として開園しました。

この幼稚園の設立に、楫取素彦が尽力したことが、『幼児保育小事典』（岡田正章、日本図書センター）に記録されています。

「鞠生幼稚園は、明治二十五年四月、浄土真宗・本願寺派・南溟山《なんめいざん》・明覚寺《みょうかくじ》第十八世・香川黙識が三田尻部長官・楫取素彦の多大なる賛助を得て、三田尻の旧・本町に創立し、……」

この幼稚園は、今でも存在していて、仏教系では、日本最古の幼稚園なのです。楫取素彦は、おそらく、妻の寿が浄土真宗の敬虔《けいけん》な門徒だったこと、香川黙識の孫が、楫取家に嫁ぐという縁があったこともあって、援助を申し出たのでしょう。

群馬に県令として赴任した楫取は、群馬を教育県にし、故郷山口県においても、教育の振興に力を注いだのです。

とくに、ともすると、西洋化に流れがちな維新政府の方針に釘を刺す意味でも、仏教に根ざした「徳育」を重視する幼稚園設立の必要性を楫取は考えたのではないでしょうか。

このとき、楫取の妻となっていた美和子が、夫とともに奮闘したであろうことは想像に難くありません。敬愛する姉や兄松陰の思いを継ぐことに使命感を持ったにちがいないからです。

この幼稚園は、明治41年（1908）、鞠生松原に移転しましたが、このときも、楫取素彦は、「山口県立華浦医学校」の校舎を移転して建設することに力を貸しています。

現在、山口県内の幼稚園児の約85パーセントは、私立幼稚園で幼児教育を受けています。私立幼稚園は、非常に重要な役割を担っているのです。

なお、日本で2番目の幼稚園は明治16年（1883）、鹿児島にできています。園長は豊田芙蓉子《ふゆこ》、藤田東湖の姪です。水戸の豊田が南の果ての鹿児島に赴任したのは、西郷隆盛が東湖を師と仰いでいたからだと思います。日本における幼稚園教育にも薩長の縁があるような気がします。

その他、楫取素彦は、現在の東京大学、筑波大学などの農学系学部の前身である「駒場農学校」などの旧制教育機関の設立にも尽力するなど、教育行政にかなりの活躍をしています。

しかし、ここで、男爵夫人となった楫取美和子が、決して穏やかで幸せな日々ばかりではなかったことを付記しておきたいと思います。

その最大の不幸は、教育者として台湾に赴任していた楫取道明（久米次郎）の死去でしょう。

楫取家に戻って、楫取道明を名乗った久米次郎は、明治29年（1896）1月1日、台湾の台北にある八芝林村で、日本統治時代の台湾に設立された小学校、芝山巌《しざんがん》学堂において、抗日事件により殺害されたのです。

このあと、台湾の宜蘭県令となった西郷菊次郎（隆盛の長男）は、台湾先住民を説得し

て治水工事を完成させるなど功績を挙げたため、今でも、台湾の恩人とあがめられていま
す。楫取道明の台湾教育の試みは、余りにも早すぎた犠牲だったのかもしれません。

楫取、明治天皇第十皇女の御養育主任、美和子も付女官に

明治26年（1893）、楫取は、山口県に帰る決意をし、防府に居を定め、そこで生涯を過ごしています。

防府に決めたのは、友人の勧めもあったようですが、ここには防府毛利邸も建てられていました。

「山口県において、健康にいい土地で海路も陸路も便利なところを選ぶべきだ」というのが、その理由だったので、楫取もそれに倣おうとしたのでしょう。つまり、環境のよさと、帝国議会で貴族院議員になっていますから、議会に出席するための利便性を考えたのです。

こうして、東京と防府を往復する生活をしていた楫取でしたが、明治30年（1897）、

重要な任務を担うことになりました。明治天皇の第十皇女、貞宮多喜子内親王の養育係主任を命じられたのです。

最初は、同じく山口県出身の杉孫七郎が推薦されたのですが、杉の妻が健康ではないということで、楫取に白羽の矢が立ったのです。

養育係主任になるということは、妻もお付の女官になること、すなわち夫婦で出仕することになっていたのかもしれません。

しかも、当時の写真を見ると、楫取の長男の妻・多賀子や、次男道明の妻・美須（寿）子も写っています。一族を挙げて出仕していたのでしょう。

こうして、楫取夫婦は、再び上京し、東京の青山離宮（現在東京都港区元赤坂にある赤坂御用地の中）に用意された貞宮御殿で貞宮に仕えることになりました。

宮中関係の仕事は忙しく、70歳の楫取にとっては激務だったようです。

「夜間十八、九時ごろ過ぎに官舎に帰ることはできません。そのため、寝につく頃は非常に疲れており、翌日は半日ぐらい膝や腰がずきずき痛みました」

と、早く官舎に帰ることができず、よく眠れないので、翌日は膝や腰が痛いと、弱音をはいています。

その一方で、「宮様に仕えているおかげで、具合が悪いときは、すぐに医者に見てもらえるのでありがたい」などと、役得もあることに感謝もしています。美和子にとっても、久し振りの子育てに生きがいを感じたことでしょう。

ところが、明治32年（1899）、貞宮は、わずか1歳4か月で亡くなってしまいます。前年の末から体調がすぐれず、神奈川県足柄郡で静養していたのですが、脳膜炎を発症したのが原因でした。

楫取は、葬祭の喪主を務め、楫取一家は、全員喪に服し、その死を悼んだのです。

こうして、楫取夫婦の任務は終わり、同年のうちに、2人は防府へ帰ることになりました。とはいえ、貴族院議員を辞したわけではないので、楫取は毎年のように上京して、議会に出席していました。

その一方で、防府での生活を楽しむ余裕もあったと見え、別荘を建てて、海水浴を楽しんだという記述も見られます。毛利家当主の家も近かったので、旧藩主との交流もあったはずです。

『楫取書簡』には、「昨日は迫戸別荘へ、元昭公をお招きいたし、昼食をさしあげました……」の記述が見られるのです。元昭公には、かつて守役として勤めたこともあるので、いってみれば、わが子に会うような感慨を覚えたにちがいありません。
美和子にとって、ようやく穏やかな晩年の日々が訪れたのです。

夫を見送って、自分も天寿を全う

明治32年（1899）、古希の祝いに、御紋付き盃《さかずき》と酒肴料《しゅこうりょう》を宮中から賜った楫取は、80歳になったとき、再び、御紋付き盃と酒肴料を賜りました。このとき、楫取は歌を詠んでいます。

「いたつらにやそちのとしをかさねけり　世にいちしるきいきをなくして」
（意味もなく無駄に八十歳の年を重ねてしまった。世の中にきわだった手柄もないのに）

さらに明治43年（1910）には、病気がちの身を案じられて、宮中で杖《つえ》をつくことを許されています。

そして、明治44年（1911）、楫取は貴族院議員を退任しました。その後病に倒れると、明治45年（1912）、6月、両陛下よりお菓子を下賜されました。

しかし、それ以降、回復に向かうことはなく、大正元年（1912）8月14日、楫取は、波乱万丈の生涯を閉じたのです。

明治天皇の崩御が同年7月30日のことですから、崩御後、わずか半月のことでした。死後、正二位の称号を得、皇太后や皇后からは、祭祀料《さいしりょう》を賜り、葬儀には、勅使として山口県知事が参列、白絹二匹が届けられました。多くの会葬者が参列したということです。

幕末から明治の終わりまで生きぬいた楫取の生涯を思えば、まさに、歴史の生き証人の大往生だったというべきでしょう。

美和子は、それから9年後の大正10年（1921）、80歳の天寿を全うしました。今、2人の墓は、防府市の大楽寺にあります。

楫取素彦は、なぜ歴史上の主役にならなかったのか

吉田松陰に対しては、今でも、山口県に行ったら「松陰先生」と呼ばなければ叱られてしまいます。それほど崇敬されているのは、やはり、明治維新という日本革命の原点だか

らでしょう。また、文の最初の夫・久坂玄瑞も、主役中の主役といえます。

それに対して、早世したこの2人のあとを継いだ形の楫取素彦は、今回のドラマ化まで、知る人はほとんどいない脇役中の脇役です。

しかし、彼は、本当は、日本に製糸業を広めたという実績を残しています。明治日本の財産は生糸と茶の輸出しかありませんでした。世界の絹織物の8割のシェアを日本が占めていたのです。その最大の功労者が楫取です。それにもかかわらず、なぜ埋もれてしまったのでしょうか。

それは、おそらく、戦後の歴史家たちが、階級闘争史観で、日本史を描いてきたからです。彼らに言わせれば、明治の日本は天皇絶対主義政権で、封建制を半分残したままの社会でした。

つまり、階級闘争を経ないままの不十分な革命であり、暗黒の明治憲法下の国家体制だったと断じたマルクス主義歴史学が席捲《せっけん》していました。そうなると、「ラストサムライ」が消えた西南戦争以降の歴史を描くにあたって、言論による自由民権運動を高く評価するようになりました。

そのために、楫取素彦の活躍は、闇に葬られてしまったのです。なぜならば、県令として赴任した楫取素彦は、職務上、自由民権運動の抑圧者という立場に立つことになったからです。

たしかに、県令の中には「鬼県令」と恐れられた三島通庸《みちつね》のような例もあります。住民の反対を押し切って土木工事を進めるその強引なやりくちは、住民の反発を招きました。

中でも、会津の道路建設では、自由党員や県議会と対立し、運動家や農民が抵抗した「福島事件」の原因になりました。のちに、警視総監に就任したときには、多くの民権運動の活動家を東京から追放しています。一方で、「土木県令」として、三島の功績が認められることもあります。

そして、楫取素彦自身も、群馬県令当時起きた「群馬事件」で、自由党と対立していま す。ですから、こういう流れの中で、群馬県を養蚕県にしたとか、教育県にしたとかという功績があっても、それは埋没してしまったのです。

しかし、そうした偏見をなくして楫取を見てみると、産業革命を地方から支えたという点で、十分主役になれる要素を持っていることになります。

とくに、当時の群馬県は、政府のいうことを聞かず、知育・徳育の普及も十分ではなく、風紀上の問題もある「難治県」といわれているところでした。

楫取は、浄土真宗の敬虔な門徒である妻・寿の助けにより、信仰の大切さを説き、見事に、この地に浄土真宗を根付かせたのです。寿が「関東開教の祖」といわれる所以です。人間には、子どもの頃に身につけておかねばならないものがあります。それは、愛情とか思いやりとか、もののあわれを感知する力です。そういうものは、家庭の中で育まれていくものでしょう。

そして、教育は、師への信頼と尊敬がなければ、成り立つものではありません。また、塾や学校で身につけるべきものは、友人との絆や同志としてのつながりです。読書で自分の思想を高めることも大事です。

しかし、それだけでは足りないものがあります。それが信心であり信仰です。日本では、浄土真宗が民衆宗教としての性格を持っています。

楫取と妻の寿は、これらのことを踏まえて、難治県の群馬を養蚕と教育の県として蘇《よみがえ》らせたのです。

それもこれも、楫取にとっては師、寿にとっては兄である吉田松陰が残した遺産がものをいったのではないでしょうか。そして、ともに育った文もまた、この遺訓を受け継いだことでしょう。

そういう意味で、この大河ドラマは、タイムリーな企画でした。明治維新は、世界でも希に見る社会変革であり、革命そのものであり、その震源は松陰だからです。

なおかつ、平成26年（２０１４）、「富岡製糸場と絹産業遺産群」が世界遺産に登録されました。さらに「明治日本の産業革命遺産　九州・山口と関連地域」もユネスコ世界遺産センターに推薦書が提出され、今、登録を待っているところです。

これが成れば、軽工業部門と重工業部門の２つの産業遺跡が世界遺産になります。政治革命であると同時に産業革命でもあった明治を振り返り、楫取を主役に押し上げるという意味で、時宜を得たというべきでしょう。

じつは、楫取には、松陰伝を書こうとした形跡があります。それが成らなかったのは、周囲の軋轢があったようですが、松陰が、誰も手をつけられないほど偉大な存在だったという証なのでしょう。

しかし、自分のことをあまり語らず、長いこととまとまった伝記もなかった楫取自身の生涯は、思いがけぬきっかけで公になりました。

前述のように、かつて楫取は松陰から、名家老・村田清風の伝記を書くよう依頼されたことがありました。資料不足・力不足を理由に断りましたが、なんと不思議な因縁でしょうか。その清風の孫・村田峰次郎が、密かに『楫取素彦伝』を執筆していたのです。

その原稿が楫取家に保管されていて、富岡製糸場の世界遺産登録の年に、期せずして出版に至ったことはすでにお話ししました。

長い間、脇役中の脇役だった楫取素彦の、さらに脇にいた名もなき女・文の生涯もまた、彼女を愛した三人の志士の中で、もっとも歳月をともにした期間の長かった楫取の顕彰と同時に、初めて広く世に知られることでしょう。

その最大の契機になるのが、今回の大河ドラマ『花燃ゆ』ということになることでしょう。

あとがき

ＮＨＫ大河ドラマ『篤姫』の時代考証を担当して以来、私は何冊かの著書で、幕末維新から明治の時代に生きた女性たちを描く機会に恵まれました。

『篤姫　わたくしこと一命にかけ』では主役として天璋院篤姫を取り上げ、『龍馬を超えた男　小松帯刀』（ともにグラフ社）では、脇役として帯刀の妻・お近と京都妻・お琴のことに触れてきました。

さらに、『龍馬が惚れた女たち』（幻冬舎）では、龍馬の妻・お龍や婚約者だったとされる千葉道場の娘・佐那、長崎の茶商人・大浦慶などを取り上げ、『会津　名君の系譜』（ウェッジ）では、新島襄の妻・八重の周辺や、会津藩家老の家系から出て日本の看護界に貢献した井深八重のことを書いてきました。

これらの女性たちはいずれも、歴史の表舞台で華々しく活躍したわけではありません。しかし、天璋院篤姫は、男たちの陰で徳川の時代に幕を引いた女性です。徳川と対立した薩摩出身ながら、徳川家という家は守りぬいた女性でもあります。

そして、徳川の時代が終わってのちの明治という時代を築いた主役は、西郷隆盛・大久保利通・木戸孝允ら三傑とその周辺ですが、この時代は、明治天皇の崩御とともに終わりました。その同じ年のわずか半月ののち、この本で取り上げた松陰の妹・文（美和子）が後半生を支えた夫・楫取素彦も没しました。

本文で繰り返したように、脇役的だった楫取の人生のさらに脇役だった文の人生も、維新と、それがもたらした明治とともにあったといえるでしょう。

もっと広く一般の国民にとって、明治という時代の終わりを何よりも強く印象づけた女性は、乃木希典とともに殉死した静子夫人でしょう。

萩の乱で戦死した乃木希典の実弟・玉木正誼は、この乱の責任をとって自決した玉木文之進の養子ですから、松陰とは縁の従兄弟にあたります。ですから、静子は薩摩出身ながら、松陰との縁も深く、松陰の母・杉瀧子を模範に仰いでいたといいます。

こんなことを思いながら、私のような昭和団塊の世代は、昭和の時代の終わりを何によって感じたのかを考えると、ここにも女性が登場します。

もちろん、昭和天皇の崩御とともに昭和の時代は終わったのですが、私の場合、これで昭和が終わったのだ、と実感したのは、香淳皇后の崩御だったのです。

香淳皇后は、昭和天皇といつもともにおられ、天皇が亡くなったあとも、皇后の存在が激動の昭和の余韻を伝えてくれていたからです。

これらの事実を考えてみると、どうやら、歴史を作ってきた男性のかたわらには、いつも、有名無名を問わず、女性の存在と貢献があったようです。

香淳皇后は、最後の薩摩藩主・島津忠義公の孫・良子《ながこ》女王でいらっしゃいます。

この忠義公によって、日本初の機械紡績所が建設され、その家臣の石河正龍が、文の夫・楫取素彦が作り上げた富岡製糸場の蒸気機関を動かしていたのです。これも何かの縁かもしれません。

そんな感慨にふけりながら、この小著の筆を擱《お》きます。

10月24日　皇居前のＫＫＲホテル東京にて

原口　泉

参考文献

『吉田松陰全集』第一巻～第十二巻、山口県教育会編、岩波書店、１９４０年
『吉田松陰』玖村敏雄、岩波書店、１９３６年
『松下村塾の人びと』海原徹、ミネルヴァ書房、１９９３年
『涙袖帖　久坂玄瑞とその妻』伊賀上茂、マツノ書店、２０１４年
『楫取素彦伝　耕堂　楫取男爵伝記』村田峰次郎、山口県萩市・群馬県前橋市、２０１４年
『男爵　楫取素彦の生涯』楫取素彦顕彰会編、公益財団法人毛利報公会、２０１４年
『久坂玄瑞』武田勘治、道統社、１９４４年
『花冠の志士　小説久坂玄瑞』古川薫、文春文庫、１９９１年
『奇兵隊　死士・久坂玄瑞』長文連、三一新書、１９６５年
『日本及日本人　臨時増刊　松陰号』政教社、１９０８年　復刻版：マツノ書店、２０００年
『吉田松陰の母』福本義亮、誠文堂新光社、１９４１年
『吉田松陰の母』吉川綾子、泰山房、１９４１年
『吉田松陰をめぐる女性たち』木俣秋水、大和書房、１９８０年

『至誠に生きて』冨成博、右文書院、２０１４年
『世に棲む日日（一）』司馬遼太郎、文春文庫、２００３年
『司馬遼太郎が考えたこと 3』司馬遼太郎、新潮文庫、２００５年
『吉田松陰の夢　松下村塾の魂』徳間書店ＴＯＷＮ ＭＯＯＫ、２０１２年
『歴史読本』２０１４年5月号
『〝龍馬〟が勝たせた日露戦争　司馬さん、そこは違います！』鏡川伊一郎、日本文芸社、２０１０年
『月琴を弾く女　お龍がゆく』鏡川伊一郎、幻冬舎時代小説文庫、２０１０年
『赤毛のアン&花子の生き方とヘレン・ケラー奇跡の言葉』アンと花子さん東京研究会、神宮館、２０１４年
『龍馬を超えた男　小松帯刀』原口泉、グラフ社、２００８年　ＰＨＰ文庫、２０１０年
『篤姫　わたくしこと一命にかけ』原口泉、グラフ社、２００７年
『龍馬が惚れた女たち』原口泉、幻冬舎、２０１０年
『会津　名君の系譜』原口泉、ウェッジ、２０１３年
『21世紀の資本』トマ・ピケティ、山形浩生・守岡桜・森本正史訳、みすず書房、２０１４年
『絹と武士』ハル・松方・ライシャワー、広中和歌子訳、文藝春秋、１９８７年
『幼児保育小事典』岡田正章、日本図書センター、２０１４年

〈著者プロフィール〉
原口 泉（はらぐち・いずみ）
志學館大学人間関係学部教授、鹿児島大学名誉教授・同客員教授、鹿児島県立図書館館長。1947年生まれ。東京大学文学部国史学科卒、同大大学院博士課程単位取得退学。専門は日本近世・近代史。東アジア諸地域とのつながりの中で、薩摩藩の歴史研究に取り組む。日本各地から東南アジア、欧米で講演。NHK大河ドラマ「翔ぶが如く」(1990年)、「琉球の風」(1993年)、「篤姫」(2008年) の時代考証を担当。『篤姫 わたくしこと一命にかけ』(グラフ社)、『龍馬を超えた男 小松帯刀』(PHP文庫)、『世界危機をチャンスに変えた幕末維新の知恵』(PHP新書)、『会津 名君の系譜』(ウェッジ)、『龍馬が惚れた女たち』『日本に今一番必要な男 黒田官兵衛』(ともに幻冬舎) など著書多数。

三人の志士に愛された女
吉田松陰の妹
2014年12月15日　第1刷発行

著　者　原口 泉
発行人　見城 徹
編集人　福島広司

発行所　株式会社 幻冬舎
〒151-0051　東京都渋谷区千駄ヶ谷4-9-7
電話　03(5411)6211(編集)
03(5411)6222(営業)
振替00120-8-767643
印刷・製本所　中央精版印刷株式会社

検印廃止

ISBN978-4-344-02696-4　C0095
幻冬舎ホームページアドレス　http://www.gentosha.co.jp/

この本に関するご意見・ご感想をメールでお寄せいただく場合は、
comment@gentosha.co.jpまで。